HUW ERITH
Llanw Braich, Trai Bylan

Argraffiad cyntaf: 2014

Dymuna'r cyhoeddwyr gydnabod cymorth ariannol
Cyngor Llyfrau Cymru.

Llun y clawr: Sioned Mair a Cai Erith
Cynllun y clawr: Y Lolfa

Rhif Llyfr Rhyngwladol: 978 1 78461 063 0

Cyhoeddwyd, rhwymwyd ac argraffwyd yng Nghymru gan
Y Lolfa Cyf., Talybont, Ceredigion SY24 5HE
gwefan www.ylolfa.com
e-bost ylolfa@ylolfa.com
ffôn 01970 832 304
ffacs 832 782

Cynnwys

1

Dihangfa Gyfyng

AR 30 MAI 2011 roedd hi'n rhyw hen ddiwrnod be 'na i, yn chwythu'n weddol gryf o'r gorllewin, ond heb fod yn ofnadwy o hegar. Doeddwn i ddim wedi bod yn gwagio'r cewyll ers diwrnodau, a phenderfynais fynd i lawr i'r Borth i weld sut olwg oedd arni. Ar ôl cael ychydig o ginio es i nôl sachaid o abwyd, ac i ffwrdd â fi. Y Sulgwyn oedd hi ac felly roedd yn o brysur ar y lôn a'r llwybrau. Wedi cyrraedd y Borth gwelais fod y cychod pysgota i gyd ar y lan, ond doeddwn i ddim yn ei gweld hi'n rhy hegar chwaith. Penderfynais fynd o'r Borth i Ben y Cil, gan fod cysgod o'r gwynt yno, a pheidio â mynd ddim pellach – 'cachwr wna gychwr da' meddai'r hen air.

Codais y cewyll oedd yng nghysgod y gwynt, a meddyliais roi trwyn y cwch heibio i'r Trwyn i weld sut roedd hi yn y Swnt. Edrychai'n well nag yr oeddwn wedi'i ddychmygu ac es ymlaen hyd at fae Parwyd a Thrwyn Bychestyn. Pan oeddwn yn meddwl troi yn ôl daeth cwch go fawr gyda physgotwyr gwiail arno o gyfeiriad y gorllewin. 'Wel,' meddyliais wrthyf fy hun, 'os medar hwnna 'i diodda hi yn fan'na, siawns na fedra inna,' ac ymlaen â fi.

Roeddwn i'n codi cewyll ger y creigiau rhwng Trwyn Bychestyn a Phared Llech Melyn pan sylwais fod 'na bobl i fyny ar yr allt yn ceisio dal fy sylw. Diffoddais beiriant y cwch a'r peiriant codi cewyll a cheisio deall beth roedden nhw'n ei weiddi. 'In the water,' oedd yr unig beth y gwnes i ei ddeall, ac roedden nhw'n pwyntio at rywun oedd yn sefyll ar y graig ymhellach draw. Es ymlaen at y dyn oedd ar y graig, a gwaeddodd yn llawn panig, 'My wife's in the water over there.'

Welwn i neb, ond es ymlaen ychydig ac yna ychydig yn bellach oddi wrth y creigiau. Wedyn gwelais hi a'i dillad o'i chwmpas fel pabell cyn cael ei chodi ar gae.

'Oh please, help me,' gwaeddodd.

Es yn nes ati cyn diffodd y peiriant rhag ofn i'w dillad fynd ynghlwm yn y propelor a'i thynnu i mewn iddo. Teflais raff iddi a gafaelodd ynddi'n awchus, a thynnais hi at y cwch. Roedd hi rŵan yn union islaw i mi, ond roedd y cwch yn o uchel o'r dŵr. Ceisiais ei chodi ond roedd ei dillad wedi sugno'r dŵr ac yn drwm iawn, felly methiant fu'r ymdrech honno. Doedd hi ddim yn ymladd nac yn curo'i breichiau, dim ond yn arnofio ac yn ailadrodd, 'Please help me.'

Tynnais y rhaff yn nes at gefn y cwch wedyn, gan fod y rhan honno ychydig yn is a bod 'na rêls yno y medrai gael gafael ynddyn nhw pe medrwn ei chodi yn ddigon uchel i'w cyrraedd, ond methu wnes i yno hefyd. Gafael yn y rhaff roedd hi ac roedd arna i ofn i'w llaw fynd yn grepach ac iddi ei gollwng. Felly dywedais wrthi am ei rhoi am ei garddwrn, a gwnaeth hynny. Taniais y peiriant sy'n gyrru'r olwyn codi cewyll, a rhoi'r rhaff ar yr olwyn hon, a daeth i fyny hyd at ymyl y cwch, ond roedd yn rhy wan i'w helpu ei hun, ac yn rhy drwm i mi ei chodi i mewn i'r cwch. Roedd y rhaff hefyd yn brathu i mewn i'w garddyrnau, felly bu'n rhaid ei rhoi yn ôl yn y môr a meddwl am gynllun arall. Penderfynais geisio ei chodi unwaith eto a rhoi'r rhaff am y rêl a'i thynhau am honno fel y dôi i fyny. Er mwyn medru rhoi mwy o bwys, rhois fy nghlun yn erbyn darn o bren a oedd wedi'i glymu ar y rêl un pen ac yng nghoes yr olwyn codi cewyll y pen arall. Pan gymerodd y pren bwys wrth i mi wthio yn ei erbyn, torrodd y rhaff oedd yn ei ddal ar y cwr ôl a disgynnodd y pren i'r môr. Gan fy mod yn rhoi cymaint o bwys yn ei erbyn es innau ar ei ôl i'r dŵr, mewn wedars oedd yn cyrraedd at fy ngwddw. Welwn i ddim byd ond swigod a gwaelod yr hen gwch yn felyn uwch fy mhen, ond llwyddais i ddod i'r wyneb cyn i'r wedars lenwi. Gwelais fod y rhaff oedd yn dal y pren ar y tu blaen yn gyfan, a bod y pren yn hongian oddi arni. Ces afael ynddo ac â chyfuniad o adrenalin ac ofn yn fy ngyrru, llwyddais i dynnu fy hun i fyny, gan weddïo na thorrai'r rhaff denau. Ac fe'i gwnes hi dros y rim a disgyn yn swpyn gwlyb ar waelod y cwch. Wedi i mi gael fy ngwynt ataf sylweddolais mai ychydig o amser oedd gen i i gael y ddynes o'r môr neu mi fyddai'n siŵr o farw.

Doedd 'na ddim ond un ffordd o'i chodi, a thaniais y codwr cewyll unwaith eto. Roedd y rhaff yn dal am ei garddyrnau a rhois hi ar yr olwyn a'i chodi cyn gynted ag y gallwn gan fod y rhaff yn brathu i mewn i'w chroen. Codais hi cyn uched â phosib ac roedd yn siglo ar y rhaff fel pendil cloc. Pan siglodd tuag at y cwch, gafaelais amdani a'i thynnu dros y rim a disgynnodd ar lawr y cwch. Rhois hi ar ei hochr er mwyn i'r dŵr roedd hi wedi'i lyncu ddod o'i hysgyfaint.

Taniais beiriant y cwch a mynd fel cath i gythraul am Ben y Cil. Fedrwn i wneud dim iddi gan fy mod yn llywio. Wrth ddod i olwg mast radio Mynydd y Rhiw, gwyddwn y cawn signal ar y radio, a chyn gynted ag y ces o gelwais ar Wylwyr y Glannau a dweud wrthyn nhw fod angen hofrennydd cyn gynted â phosib. Erbyn i mi ddod gyferbyn â Phorth Meudwy, beth welwn uwchben y pentref ond y deryn mawr melyn, ac roeddwn yn methu credu ei bod wedi cyrraedd mor sydyn. Gelwais arnyn nhw ar fy radio ac ymhen munudau roedd y *winchman* ar fwrdd fy nghwch. Ymhen munudau wedyn roedd o a'r ddynes wedi'u codi i'r hofrennydd ac roedden nhw ar eu ffordd i Ysbyty Gwynedd.

Pan ddois ataf fy hun roedd y cyfnod er pan welais y bobl ar yr allt fel breuddwyd, a doedd gen i ddim syniad pa mor hir y bûm yn ceisio ei hachub. Es yn ôl am geg y Borth, rhoi'r cimychiaid yn y cawell cadw a mynd i'r lan yn o hamddenol. Roeddwn wedi cael digon o antur am un prynhawn. Taniais yr hen dractor a bagiais y trelar i'r dŵr. Pan oeddwn ar lwytho'r cwch rhedodd rhyw ddyn ataf, ac meddai,

'Is she alright, have you got her on board?'

Deallais mai gŵr y ddynes a godais oedd o, ac eglurais wrtho ei bod wedi mynd yn yr hofrennydd i Ysbyty Gwynedd ym Mangor.

Gan ei fod o wedi cerdded i fyny o Bared Llech Melyn, sydd yn wynebu Enlli, fedrai o ddim gweld y ddrama yn y bae, ac yn wir roedd pob dim wedi digwydd mor sydyn ar ôl i ni ddod o'r Swnt. Doeddwn innau ddim yn deall sut roedd yr hofrennydd wedi cyrraedd cyn gynted chwaith. Ffarweliais â'r gŵr ar y traeth a gwnaeth yntau ei ffordd i Fangor i weld beth oedd hanes ei wraig. Roeddwn yn amau'n fawr a fyddai hi byw'n ddigon hir i gyrraedd, gan ei bod mewn cyflwr digon cwla pan gafodd ei chodi o'r cwch ac fe glywais un o griw'r hofrennydd yn dweud wrth rywun yn Ysbyty Gwynedd fod ei *pulse* yn wan iawn, a hyn pan oedden nhw ar gychwyn yno.

Ffoniais Wylwyr y Glannau i holi sut roedd yr awyrlu wedi ymateb mor syfrdanol o sydyn. Does 'na ddim signal ffôn yn y Swnt, fel y dywedais, felly ofer fyddai i mi geisio ffonio na galw ar y radio. Ond erbyn deall roedd y bobl a gawsai fy sylw gyntaf oddi ar ben yr allt wedi ffonio 999, ac wedi digwydd cael signal Iwerddon. Cysylltodd y Gwyddelod â Gwylwyr y Glannau yn Abertawe, galwodd Abertawe ar Gaergybi a Chaergybi ar y Fali, a chael gwybod bod yr hofrennydd ar ymarferiadau yn Eryri. Felly pan gafodd y criw'r neges roedden nhw dipyn yn nes na phe baen nhw yn y Fali. Hefyd roedden nhw yn yr awyr yn barod, a hwylusodd hyn i gyd eu taith tuag atom.

Es am y lan a chael fy mod wedi achosi peth pryder yno,

heb yn wybod i mi. Roedd fy mab Cai ac Awen, cariad fy mab hynaf, Llŷr, yn eistedd yng nghar Cai ar Bensarn y pentref yn edrych ar y ddrama'n datblygu. Doedd neb yn gwybod bod y ddynes ar y cwch, felly pan welon nhw'r hofrennydd uwchben fy nghwch i, yn naturiol mi feddylion nhw mai fi oedd mewn trafferthion.

Bron bob prynhawn Sul bydd Elen, fy ngwraig a rhai o'i theulu'n mynd i Blas Minffordd i ymweld â'i thad, a doedd y Sul hwnnw ddim yn eithriad. Rhwng dau feddwl roedd Cai ynglŷn â beth i'w wneud, p'un ai ffonio ei fam ai peidio. Llwyddodd Awen i ddwyn perswâd arno mai ffonio fyddai orau.

Canodd y ffôn ym Mhlas Minffordd ac atebodd un o'r tylwyth.

'Helô.'

''Di Mam yna?'

'Yndi. Elen!'

'Mam?'

'Ia.'

Fydd yr un o'r hogia 'cw byth yn dweud pwy fydd yn galw am ryw reswm, er bod eu lleisiau i gyd mor debyg i'w gilydd.

'Cai?'

'Ia, Mam. Dwi'n meddwl 'sa well i ti ddod i Bensarn.'

'Pam?'

'Dwi'n meddwl bod nhw newydd winshio Sbargo i helicoptar oddi ar 'i gwch.'

'Be...! Be s'arno fo?'

'Dwn i'm.'

'Ddo i yna rŵan.'

Ac fe ddaeth, fel y gwynt, a phan gyrhaeddodd roedd mewn gymaint o sioc nes y bu yn hir cyn sylweddoli nad Sioned, cariad Cai oedd yn y car gydag ef, ond Awen.

Erbyn hyn roeddwn wedi ffonio Caergybi ac wedi cadw'r cwch pan ganodd fy ffôn. Cai oedd yno, roedd wedi bod yn ceisio cael gafael arna i ers meitin ond roeddwn ar fy ffôn hefo gwylwyr y glannau. Gellais gadarnhau fy mod yn fyw ac yn iach, a rhois yr hanes yn fras iddo. Wedyn i ffwrdd â fi tuag adref, lle, ar ôl yr holl ddryswch a chamddeall, ces groeso mawr.

Ffoniais fferm Tir Glyn lle roedd y ddynes, Elaine Heywood (cefais wybod wedyn mai dyna oedd ei henw) a'i gŵr, yn carafanio, a chael nad oedd hi'n dda o gwbl, ac y byddai yn yr ysbyty am beth amser, ond o leiaf roedd yn fyw.

Ar ôl swper es i ac Elen am beint i ymlacio ar ôl antur y dydd, a chefais fy holi'n dwll ynglŷn â beth oedd wedi digwydd. Wedyn am adref yn llwyr haeddu fy ngwely y noson honno. Fel roeddwn yn mynd i'r gwely ces bwl o disian, a daeth cryn dipyn o ddŵr o fy nhrwyn – effaith y drochfa a ges yn gynt yn y dydd.

Ymhen rhyw wythnos daeth gŵr y ddynes acw hefo John Roberts, ffermwr Tir Glyn, a ches wybod bod ei wraig yn dal ym Mangor ac y byddai yno am beth amser eto. Roedd siarad â'i gŵr yn brofiad emosiynol iawn i'r ddau ohonon ni ac fel roedd yn adrodd yr hanes o'i ochr o ar y lan roeddwn yn ail-fyw'r profiad ac roedden ni'n dau yn ein dagrau. Dywedodd fod cyfeillion a chyd-weithwyr ei wraig am wneud casgliad a'i roi i unrhyw elusen o'm dewis i. Gan ein bod ar y pryd yn llwyfannu sioe gymunedol yn flynyddol, rhoed y tri chan punt a gasglwyd yng nghoffrau'r cwmni drama. Ces hefyd anrheg ariannol gan y cwpl diolchgar. Ymhen rhyw ddiwrnod neu ddau daeth llythyr drwy'r post, i ddiolch i mi, ac rwy'n ei drysori ers hynny. Dyma fo, fel y ces i o, ac mae'n fy atgoffa, pe bai angen, pa mor ffodus y buom ein dau, a pha mor frau yw bywyd.

Dear Huw

I have a lot of things and people to be grateful for in my life but right at this very moment and for the rest of my days you will be at the top of my list.

I will never be able to express in words how grateful I am that you were there to save me.

So persistent and so brave, I thank you from the bottom of my heart.

The plan was that Greg and myself would thank you in person this week but I'm still in hospital (wonderful people also) and think it best that when I'm discharged I travel home rather than to the caravan.

We will be back in Aberdovey soon though and plan to thank you in person. Please be prepared for a big hug !!

Claire xx

Ymhen rhyw ddeng niwrnod wedyn daeth y ddau acw ac roedd y cyfarfyddiad hwn yn fwy emosiynol byth. Roedd Elaine wedi gwella ond byddai'n rhaid iddi gymryd moddion gydol ei hoes gan fod y dŵr wedi effeithio ar ei chalon. Ond ei phryder mwyaf oedd mai hi oedd wedi fy nhynnu i i'r môr. Perswadiais hi mai cyfuniad o ddamwain a fy nhwpdra i fy hun a'm harweiniodd i'r dŵr, a phe baem eto yn yr un sefyllfa, y peth cyntaf a wnawn fyddai tynnu fy wedars, a pheidio â mynd ar y môr heb siaced achub.

Wnes i mo'i holi am fy mhryder i, sef sut olwg oedd ar ei garddyrnau ar ôl y gamdriniaeth a gawsai wrth gael ei chodi o'r môr drwy ddull mor anghonfensiynol. Dwi ddim yn siŵr beth fyddai ymateb y Gweithgor Iechyd a Diogelwch i'r dull hwn o godi person i mewn i gwch, ond roedd yn rhaid defnyddio beth bynnag oedd wrth law. Fedrwch chi ddim rhedeg i nôl rhywbeth i wneud y gwaith oddi ar gwch ar y môr.

2
Bro Fy Mebyd

MAE DAU LUN traddodiadol o Uwchmynydd – un o Fryn Cannaid (gyda Chae Crin hefyd yn y llun) yn edrych allan dros y Swnt ac Enlli'n hawlio'r sylw yn y cefndir, a'r llall o res o dri o dai bach gwynion ar allt, ac ongl y tai yn canlyn ongl y lôn. Tai to gwellt oedden nhw ryw oes, cyn cael y llechi sydd ar y toeau bellach, ond eto i gyd maen nhw'n dal naws rhyw gynfyd difrys, hamddenol pan oedd y tyddynwyr yn medru byw ar ryw ddwy fuwch, dyrnaid o ddefaid, ychydig o ieir, mochyn a goleuni dydd a dŵr. Tebyg iawn i ambell le a welir yn Iwerddon, fel petasai'r lle wedi dal rhamant yr oesoedd, ac er bod y tai bellach yn anheddau cyfoes, mae rhyw hud o'r oes a fu yma, ac yma y bydd o. Dim ond gweld yr olygfa ac mae'r dieithryn yn gadael y car neu'r beic ac yn clicio ei gamera er mwyn dal rhan o'r rhyfeddod prin hwn.

Yn yr uchaf o'r tri thŷ roedd Evan John Williams a'i wraig Meg – Megan Eirlys Williams – yn byw. Fel y dywedodd y bardd lleol Gwilym Hughes:

Mae pawb yn 'nabod Megan,
Gwraig gynta Ifan John.

Yno, hefo tair o genod, Menna, Myfanwy a Mattie, roedden nhw'n byw, ac yma yn un o deulu Brynchwilog Uchaf y ces innau ddod i fyw ar ôl fy ngeni yn Ysbyty Dewi Sant, Bangor ar 2 Ionawr 1957. Mae'n siŵr bod Mam yn falch o weld y dyddiad, ac yn hynod falch pan ddois i allan i'r byd gan iddi fod yn o wael, ac yn wir meddylid ei bod yn dioddef o'r polio yn ystod cyfnod ei beichiogrwydd. Fodd bynnag, nid polio oedd o, ac mae'n bosib mai fi oedd wedi achosi rhywfaint o'r gwaeledd. P'run bynnag, ni fu'r fath beth arni fyth wedyn ar ôl i mi weld goleuni dydd, ond mae'n reit siŵr nad dyma'r poen olaf a gafodd o'm herwydd i!

Fe'm bedyddiwyd yn Hugh Erith Williams er cof am frawd fy nhad a gollwyd yn bedair ar bymtheg oed, ar ei fordaith gyntaf, pan suddwyd ei long, y *Calchas* gan long danfor. Ond i be yr af fi i ddweud y stori – dyma'r adroddiad swyddogol:

Calchas
Homewards from the far east to Liverpool with 'Generals' Alfred Holt's deeply laden *Calchas* (10,305 GRT, Captain Holden) was torpedoed in the engine room on 21st April 1941 by U-107, in position 23 degrees 50 min North 27 degrees West, close to where Memnon had floundered 40 days before. U-107, a type 1xAtlantic boat was commanded by Lt Cmdr Gunter Hossler, who was Donitz's son in law. He subsequently went on to sink a total of 87,000 tonnes of allied shipping.

Lladdwyd saith morwr a weithiai ar y boeleri a pheiriant y llong a difrodwyd un o'r cychod achub yn ddrwg. Roedd rhywfaint o deithwyr ar y llong, a medrodd rhai o'r criw eu cael i ddau gwch achub. Gadawyd Capten Holden a gweddill y criw arni i geisio adfer y sefyllfa. Yna fe'i trawyd hi gan ail dorpedo a rwygodd drwy ochr arall yr *engine room* a lladd y morwyr a arhosodd arni. Ni welwyd yr un ohonynt wedyn. Tua thri munud gymrodd hi cyn iddi dorri a diflannu i wely'r môr. Rhoed cwch arall yn y môr ond tynnwyd hwnnw i lawr wrth i'r llong suddo. Roedd y rhai ffodus bellach mewn chwech o gychod achub ac er nad oedd swyddogion i'w harwain, llywiwyd am y tir agosaf.

Gwelsant U-107 unwaith wedyn ac un llong arall a oedd yn perthyn i wlad niwtral ond er anghrediniaeth iddynt ni arafodd honno i'w cynorthwyo.

Trosglwyddwyd pawb o gychod achub tri a phedwar i gwch rhif pump a dioddefodd pawb yn enbyd yn ystod y deng niwrnod cyntaf, oherwydd diffyg dŵr a bwyd a'r elfennau bellach yn brathu. Collwyd yr ail swyddog pan neidiodd i'r môr a bu farw un o'r teithwyr.

Ar 5 Mai daeth un cwch i'r lan ar arfordir Senegal a lladdwyd dau wrth iddo lanio. Rhwng y pumed a'r wythfed o'r mis glaniodd tri chwch arall ar Ynysoedd Cape Verde. Cawsant fordaith anhygoel a barodd 14 i 16 diwrnod heb ddim i'w cynorthwyo heblaw cwmpasau ac arweinyddiaeth saer y llong, y prif stiward ac un morwr.

Adeiladwyd y *Calchas* ym Melffast yn 1921 i'r Ocean Steamship Company a suddodd ar 21 Ebrill 1941 tua phum cant a hanner o filltiroedd i'r gogledd o Ynysoedd Cape Verde, lle hwyliodd tri o'r cychod achub. Hwyliodd y cwch arall chwe chant a hanner o filltiroedd mewn 16 diwrnod i Senegal. Collwyd 31 o eneidiau yn y drychineb. Lladdwyd Hugh Erith Williams a W. J. Morris o Bwllheli pan drawodd yr ail dorpedo ac roedd un arall o Lŷn hefyd arni, sef y morwr Hugh Thomas, Tanlôn, Boduan a ddaeth i'r lan yn un o'r cychod ac a fu byw i ddweud yr hanes.

* * *

Tŷ bach, bach oedd Brynchwilog Uchaf, un daflod, un siambr, un ystafell fyw a chegin oedd fawr mwy na chwpwrdd go lew. Doedd dim dŵr yn y tŷ, ac roedd y toiled (elsan) i fyny ar y bryn, tua deugain llath o'r tŷ. Roedd y tap dŵr agosaf yng nghowt Brynchwilog Isaf lle roedd Nain a Taid a brawd a chwaer fy nhad, Iorwerth a Bet yn byw.

Felly pan fyddai angen dŵr roedd yn rhaid ei gario o'r fan honno. Er bod hyn i'w weld yn gyntefig yn yr oes oleuedig hon, newydd ddod roedd y dŵr yno, ac mae fy chwiorydd, sydd heb fod fawr hŷn na fi, yn cofio gorfod ei gario o ffynnon ger y fferm agosaf, sef Stelig Bach.

Cof bach sydd gen i am fyw yno, ond rwy'n cofio chwarae ar garreg y drws a fyddai'n cael ei blacledio gan Mam bob dydd, yn ôl trefn yr oes. Rwy'n cofio hefyd molchi mewn celwrn o flaen y tân, a chan mai dim ond dwy ystafell wely oedd yno roedd rhaid i'r fenga gysgu yn y siambr hefo Mam a Dad. Wrth gwrs doedd 'na ddim trydan, a byddai Mam yn coginio ar y tân neu ar hen stôf nwy calor. Bu damwain unwaith pan drodd sosbennaid o fetys a llosgi braich Menna'n ddrwg ac mae'r graith ganddi hyd heddiw. Gan mai taflod oedd uwchben y siambr, ysgol yn hytrach na grisiau oedd yna i ddringo iddi, a ryw ddiwrnod, cyn i mi fedru cerdded, pan nad oedd Mam yn edrych, fe'i dringais ac wedyn disgyn i'r llawr ar fy mhen. Roeddwn yn anymwybodol, a Mam yn meddwl fy mod wedi marw. Doedd dim ffôn yn yr un o'r tai, ac roedd yr un agosaf yn y ciosg ger y capel ar ben yr allt. Galwyd am ambiwlans ac aed â fi i Fangor am ychydig ddyddiau – roedd yn dipyn o daith yr adeg honno, tipyn pellach nag ydy hi heddiw! Wedi'r ddrama ces ddod adref a rhoed gair o ddiolch am galedi'r hen ben 'ma.

Ymhen tair blynedd ar ôl fy ngeni, ganwyd fy unig chwaer fach, Mai, ac adeiladwyd estyniad bach asbestos i'r tŷ a rhoi carafán ar y bryn. Ymhen tair blynedd arall, ganed Iolo.

Er pan adawodd yr ysgol, roedd fy nhad yn gweithio ar ddyddyn tair erw ar ddeg yn ogystal â darn o Fynydd Mawr i'r defaid gael ei bori, a hynny am saith punt a chweugain y tymor – pymtheg punt y flwyddyn yn ystod y blynyddoedd cyntaf, ond fe chwyddai ei goffor drwy ddal cwningod wedi amser noswyl. Bu hefyd yn gweithio ar amryw o ffermydd eraill yn yr ardal. William Parry oedd ffermwr Bryn Goronwy a byddwn yn mynd yno hefo Nhad i ymweld â'r ffermwr ac yntau'n gorwedd ar setl yn y parlwr mewn hen dŷ tywyll. Cawsai ei anafu yn y Rhyfel Byd Cyntaf ac edrychai'n hen iawn i mi bryd hynny. Yn un o'r llofftydd byddai'n cadw'r ŷd a gasglwyd y flwyddyn cynt, ac roedd hynny'n arferiad ar rai ffermydd. Mae'n siŵr bod y llofftydd hynny'n nefoedd i lygod yr oes! Ar gefn hen foto beic BSA y bydden ni'n mynd i Fryn Goronwy (Bryngronwy ar lafar) ac yna aem i'r mynydd i gael golwg ar y defaid. Gyda'r nos a phrynhawn Sadyrnau a Suliau fyddai hyn, gan fod fy nhad wedi gadael y tyddyn ac yn gweithio ar wahanol ffermydd yn ogystal â ch'willa (cewylla) cyn cael swydd hefo Cyngor Sir Gaernarfon – gweithio ar y lôn fel y bydden ni'n ei ddweud. Cofiaf ei ddillad oil a CCC ar gefn y gôt, Caernarvonshire County Council – 'cachu cyn cychwyn' yn ôl rhai.

Weithiau, ar ddiwrnod braf, byddai Mam yn mynd â ni'r plant, oedd heb ddechrau yn yr ysgol, i fyny'r allt am gapel Uwchmynydd, troi i'r chwith heibio tŷ bach pinc â rhosod yn yr ardd a hen wreigan o'r enw Jane Bron Foel yn byw yno. Yna peidio dilyn y lôn am Fryn Awelon, Bryn Sandar, Tegfan a Thŷ Hen, nac ymlaen i Fodisa ond mynd trwy'r adwy ac i fyny i'r dde. Dilyn y llwybr wedyn am y Foel, heibio i ryw hen gwt a oedd wedi'i adeiladu i mewn yn y tir er mwyn cael osgoi adeiladu cefn na thalcen iddo, yna dros y crib bychan ac i lawr am dŷ Talcen y Foel, lle roedd Guto a'i fam yn byw. Roedden nhw wedi dod yno o Enlli ac yn byw ar ryw gwta chwe erw. Bydden ni'n galw yno, a chael croeso a rhywbeth i'w yfed a'i fwyta. Wedi i'w fam farw fe gadwodd Guto y tŷ yn union fel yr oedd ganddi hi, ac felly roedd o pan fu yntau farw. Yna bydden ni'n gadael Talcen y Foel a mynd ymlaen trwy'r giât fechan a thrwodd i Fynydd Anelog, a fyddai ar adegau gwahanol o'r flwyddyn yn ysblennydd yn ei borffor, melyn a gwyrdd, neu'n llwyd di-liw a chudynnau o redyn marw yma ac acw, ac ambell asgwrn a phenglog yn dangos eu hunain trwy'r diffyg tyfiant. I fyny wedyn, ond nid i'r copa chwaith, ond troi i lawr i'r dde drwy gaeau bychain Bwlch, a cherdded uwchben y ddau Fwlch Isaf, dau dŷ o dan unto, a gweld ysblander Llŷn yn agor o'n blaenau hyd at Garn Fadryn a'r Eifl, yn glytwaith o gaeau bychain, pob clwt â'i wawr wahanol o wyrdd. Yna i lawr o'r mynydd heibio Tŷ Tan y Fron a Thŷ Hen ac i lôn fechan gul Anelog, heibio Ty'n Ffynnon yn y pant ac i Dan y Fron, ble bydden ni'n treulio gweddill y dydd, ac yn cael swper gan Nel ar ôl i'r teulu ddod adref o'u hamryfal ddyletswyddau a'u galwedigaethau. Cofiaf yn dda am ei charedigrwydd a chofio'r bwyd am na ches erioed mohono cyn hynny – siwgwr ar domato. Mae siwgwr yn siŵr o wneud argraff ar blentyn, yn tydi? Ar ôl amser noswyl dôi fy nhad i'n nôl oddi yno a ninnau'n holi Mam pryd caen ni fynd yno unwaith eto.

I fynd i'r dref (Pwllheli) o Frynchwilog fel y bydden ni'n gwneud yn achlysurol ar Sadyrnau, byddai'n rhaid dal y bws a âi i lawr heibio'r tai, wedyn mynd ymlaen i ymyl Pwll Brynllwyn, ger fferm Llanllawen Fawr. Yno byddai'n troi yn ei ôl a ninnau yn ei ddal ar ei ffordd yn ôl, yn eistedd yn nhu blaen y dybyl decar, ac yn gweld rhyfeddodau gwlad Llŷn ar ein taith. Ac mi ydw i'n golygu'r rhan fwyaf o Lŷn, o Uwchmynydd i Aberdaron, drwy Roshirwaun, Bryncroes, Sarn, Llaniestyn, Garn Fadryn, yn ôl i Fotwnnog, Nanhoron, Mynytho, Llanbedrog, Penrhos, ac yna haleliwia, Pwllheli – cwta ugain milltir, ac yn cymryd tua awr a chwarter.

Mae'n siŵr bod fy nhad wedi 'laru ar y siwrnai faith hefyd a thua 1961 prynodd hen Forris 8, ac ar ôl pasio ei brawf gyrru, doedd 'na ddim edrych yn ôl, heblaw yn y drych – na dal y bws chwaith. Mae gen i gof o gychwyn i rywle ar fore Sadwrn. Roedd hen ddrysau trymion ar y cerbyd ac roedd rhaid rhoi clep iawn er mwyn gwneud yn siŵr eu bod wedi cau'n sownd. Wel mi rois i glep iawn ar y drws, ond yn anffodus roedd llaw Mai, fy chwaer fach, rhwng y ffrâm a'r drws. Dwn i'm be ddychrynodd fi fwyaf, y gwaed a'r olwg oedd ar ei llaw 'ta'r glustan ges i gan Dad.

Tua'r un cyfnod byddem yn mynd i Gyfarfod y Plant ar ambell i gyda'r nos yng nghapeli Horeb ac Uwchmynydd. Un noson roedden ni wedi bod yn chwarae pêl-droed yng nghae Pwlldefaid gyferbyn â'r capel a galwodd y gweinidog arnon ni i alw yn y capel cyn mynd adref. Dwi ddim yn siŵr ai Mr Roger Roberts, bellach yr Arglwydd Roberts, neu Mr McDonald oedd o. Gofynnodd a fyddai pawb, fesul un, yn diolch am rywbeth neilltuol, ac felly y bu. Cafwyd diolch fesul un am fwyd, am dân, am rieni caredig, a phan ddaeth yn dro i mi, gwnes innau fy rhan, gan ddweud 'Diolch am gar, Amen'. Blaenoriaethau, hwnna 'di o.

Byddai fy nhad a minnau yn aml iawn yn yr haf yn mynd ar y môr i 'sgota mecryll, a mynd â phobl ddiarth yn y cwch am ychydig o syllta. Roedd pob ceiniog yn dda ei chael er mwyn cadw'r blaidd o'r drws ac yn yr oes ddi-iechyd a diogelwch honno, roedd rhwydd hynt i unrhyw un â chwch wneud hynny. Cawsai fy nhad a fy nhaid saer gwlad lleol, William Tŷ Tan Fron, i wneud cwch iddyn nhw yn 1946, fel y byddai rhywun oedd eisiau cwch yn yr oes honno yn ei wneud.

Y saer cychod enwocaf yn yr ardal oedd John Thomas, Pwllwgwr, Anelog, a wnaeth ddegau o gychod, ac mae llawer ohonyn nhw ar draethau a phorthladdoedd bach Llŷn hyd heddiw. Caiff amryw eu hwylio ar fae Aberdaron yn gyson ar benwythnosau trwy'r haf. Beth bynnag, dwn i ddim pam, ond William Tŷ Tan y Fron gafodd y gwaith o wneud y

Betty, cwch wedi'i wneud o goed llarwydd ac asennau derw. Cafwyd y coed o iard Hendre Bach, Rhosfawr ger Pwllheli am £26.00 – coeden wedi'i llifio'n blanciau o led y goeden a thua modfedd a hanner o drwch oedden nhw. O'r deunydd crai yma, heb fawr mwy na lli, plaen, neddai, bwyell a morthwyl – arfau llaw i gyd a heb drydan – y crëwyd y cwch, a chafodd chwe phunt ar hugain am ei lafur.

Cedwid y cwch drwy'r haf ar lan y môr ym Mhorth Meudwy, ar ochr orllewinol bae Aberdaron, yn wastad ar ei gêl, a chlocsia o dan bob ochr i'w ddal felly. Doedd dim trelar o dan y cwch ac roedd slip concrit wedi'i wneud yn y Borth a *rollers* yn ei ganol i hwyluso rhoi'r cwch yn y dŵr a dod â fo i fyny yn ôl. Hefyd roedd twll trwy gêl y cwch, tua deunaw modfedd yn ôl o'r stem, a siacl fawr am y stem er mwyn bachu rhaff i hwyluso ei dynnu i fyny hefo'r winsh oedd ar ben y slip. Na, nid mater o fachu tractor yn y trelar oedd hi yn yr oes honno.

Mae 'na lun du a gwyn ar ddrws y gegin acw o fy nhad yn llywio'r *Betty*, a thiler yr injan Seagull yn ei law. Roedd fy nhaid wrth ei ymyl ar sedd ôl y cwch, a finnau, tua deunaw mis oed, mewn gwisg wen babi, a'm gwallt yn glaerwyn yn eistedd ar lin fy nhad. Dwi'n cofio mynd hefo fo ar y môr laweroedd o weithiau pan oeddwn yn ddim o beth, ac yn mynd yn sâl môr bob tro. Ar ôl i mi chwydu, byddai'n fy rhoi i orwedd ar sgotal flaen y cwch, rhoi côt drostaf a byddwn yn cysgu'n sownd nes dod i'r lan. Credaf erbyn hyn mai'r rheswm roeddwn yn mynd yn sâl oedd bod 'na gymaint o olew yn gymysg â'r petrol yn yr injan, a'i fod yn creu *fumes*. Rhoddid un mesur o olew i bob deg o betrol bryd hynny, 1–25 erbyn heddiw, ac un ai hynny oedd yn gyfrifol neu ella mai morwr sâl oeddwn i.

Ta waeth, digon am forio am y tro. Yn 1962 bu farw William Parry, a gadawodd stoc byw a marw y tyddyn i fy nhad. Ar rent o stad Nanhoron roedd y tyddyn ac roedd y stad am werthu'r lle. Prynwyd Mynydd Mawr gan y tair chwaer Keating, Plas yn Rhiw ac yn ddiweddarach fe'i rhoesant i'r Ymddiriedolaeth Genedlaethol – un o'r eiddo cynharaf iddyn nhw ei gael ar Lŷn mae'n debyg.

Mae'n siŵr ei bod hi'n anodd iawn arnyn nhw, ond medrodd Nhad a Mam grafu digon i brynu'r lle. Roedd wedi meddwl y buasai'n rhaid iddo werthu'r stoc ond gallodd ei gael heb wneud hynny. Byddai'n dweud yn aml mai arian cwningod a brynodd y lle, ac fe gafodd rentu'r mynydd gan berchnogion Plas yn Rhiw ac yna yn ddiweddarach gan yr Ymddiriedolaeth Genedlaethol. Cofiaf fynd i Blas yn Rhiw droeon hefo Nhad i dalu'r rhent.

Felly yn 1963 gadawsom Frynchwilog fel teulu a symud ar dractor a threlar a'n carafán yr hanner milltir i Fryngronwy, i foethusrwydd pedair ystafell wely a thap dŵr yn y cowt.

3

Symud i Fryngronwy

WEDI I NI symud i Fryngronwy, a Robin, brawd fy nhad a'i deulu i Frynchwilog Uchaf o fwthyn bach Mount ar ochr ogleddol Mynydd Anelog, roedd llawer o waith adnewyddu yno. Aed ati i glirio tir o gwmpas y tŷ, gan fod y cae cefn tŷ'n cyrraedd sil y ffenestr, a bariau arni i rwystro'r anifeiliaid rhag dod trwy'r gwydr i'r tŷ. Wrth fod y tir mor uchel roedd mur y cefn yn llaith iawn. Tynnwyd y gratiau o'r llofftydd ac o'r parlwr, ac ehangwyd y gegin fach drwy dynnu'r palis rhyngddi hi a'r parlwr i'w gwneud yn un ystafell. Doedd dim ystafell molchi, ond roedd cegin foch yn sownd wrth dalcen y tŷ, ac atebai hon y diben. Fesul tipyn peintiwyd y lle trwyddo â lliw goleuach, a diflannodd yr hen ffermdy tywyll.

Hen Ffordan bach a pheiriannau wedi'u gwneud ar gyfer ceffylau, ond eu bod wedi'u haddasu ar gyfer tractor, oedd acw – trol, cribyn, peiriant torri gwair, a gwŷdd rhychu a sgyfflar – tebyg i'r rhai a welir yn addurn ar gloddiau ac mewn gerddi bellach, wedi'u peintio'n amryliw, ond yn segur. Y flwyddyn gyntaf honno cariwyd y gwair yn rhydd ar y drol, a dyrnwyd yr ŷd, yr unig dro dwi'n cofio diwrnod dyrnu fel yr un chwedlonol, hefo byrddaid o fwyd a chriw helaeth o ddynion i'w fwyta. Welais i erioed gymaint o lygod bach â'r diwrnod hwnnw a'r rheiny'n ceisio dianc o'r ŷd a roid yn y dyrnwr â'r picweirch. Ymhen rhyw flwyddyn caed gwared â'r Ffordan bach a'r drol, a chaed Ffergi lwyd a threlar yn eu lle i hwyluso'r gwaith.

Adeg torri gwair byddwn yn gorfod eistedd ar yr hen beiriant torri gwair a chodi'r llafn ar y congla ar ôl dod i ben y wanaf. Prin fy mod yn ddigon trwm na chryf i dynnu ar y lifar a wnâi hyn, ond dois i ben â'r gwaith. Y peth gwaethaf ynglŷn â'r gorchwyl hwnnw, oedd bod y disbyddwr (*exhaust*) o dan y Ffergi, ac felly byddai'r mwg i gyd yn cael ei ollwng y tu ôl i'r tractor, ac i wyneb y truan a eisteddai ar y peiriant torri gwair. Llond ysgyfaint o fwg a llafn miniog y gyllell yn symud wrth fy ochr – iechyd a diogelwch wir!

Roedd 'na bwll yng ngwaelod yr iard bryd hynny ac roedd yn reit gul i fynd rhyngddo a'r clawdd. Daeth Ken, Carreg acw i felio'r gwair yn y Waen Ganol un haf, ac i fynd i'r Waen Ganol roedd yn rhaid mynd heibio'r pwll. Aeth heibio'n iawn ar ei ffordd yno, ond ar ei ffordd yn ôl aeth olwyn y belar i'r pwll, ac aeth y tractor a'r belar yn sownd wrth geisio ei chael oddi yno. Aed i nôl y Ffergi i geisio tynnu Ken o'i drallod, ond roedd y Ffergi'n rhy ysgafn, a bu'n rhaid cael benthyg Ffordan bach o fferm gyfagos. Fedrai'r Ffergi, er mor glyfar a hwylus ydoedd, ddim gwneud pob dim chwaith.

Cawsai John fy mrawd bellach ei eni, felly roedd 'na saith ohonon ni. Roedd fy mam wrth ei bodd ar y tyddyn, nid yn y tŷ yn coginio ac yn ll'nau, er y gwnâi'r pethau hyn hefyd. O na, allan ar y tir hefo'r anifeiliaid roedd hi wrth ei bodd, yn enwedig adeg wyna. Gwisgai hances am ei phen, a hen gôt flêr i ymladd yr elfennau. Roedd wedi arfer â'r math hwn o fywyd adref yn 'Sgubor Isa, ym mhlwy Bodferin rhwng Llangwnnadl a Phorthor. Byddai'n hel atgofion am Borth Ferin, Porth Iago a Dyllborth. Byddai'n disgrifio fel roedd Goronwy, Rhwngyddwyborth wedi gwneud rafft i fynd ar y môr, pan oedd o'n hogyn, a'i bod hithau ofn am ei heinioes wrth weld y ffasiwn beth, yn cadw llygad arno o'r traeth neu o allt y môr. Felly, pan soniais fy mod am wneud rafft doedd fawr o frwdfrydedd a ches i ddim cefnogaeth ganddi, ond dyna roeddwn i ei eisiau, unrhyw beth i fynd ar y môr, neu gael cyfle i 'sgota oddi ar y graig. Roedd gan fy nhad wialen 'sgota gwrachod hir, hir wedi'i gwneud o ddarn o bren oedd dros ben ar ôl adeiladu'r *Betty*. Byddai'n ei chadw ar ben y tŷ gwair, a meddyliais y buaswn yn cymryd ei benthyg, ond och, yn hogyn wyth neu naw oed, fedrwn i ddim ei chodi hyd yn oed, heb sôn am 'sgota hefo hi. Ond mi ges i wialen ysgafnach, corsen, a chyngor ofer fy nhad i mi oedd:

> Cwch, gwialen bysgota a gwn,
> wna ddyn cyfoethog yn ddyn llwm.

Fu gen i erioed wn, ond mae'r wireb hon yn egluro tipyn ar fy nhlodi! Pysgotais yn ddigon deheuig hefo'r wialen gorsen a dal gwrachod a physgod gwynion oddi ar greigiau Swnt Enlli, ond mynd ar y môr roeddwn i eisiau go iawn, a blinais arni. Swnian ar fy nhad wedyn, iddo fo ddod hefo mi i 'sgota mecryll. Weithiau fe ddôi ac weithiau roedd y gwaith adre'n galw. Pan aem, yr un fyddai'r ddefod bob tro. Byddem yn galw yn un o'r ddwy siop oedd yn Uwchmynydd ar y pryd, Pen Bryn Bach neu Pencwm, am baced o ffig rôls a photelaid o Corona oren, a dyna fyddai ein lluniaeth ar y môr. Am y Swnt y bydden ni'n mynd bob tro os byddai'r amgylchiadau'n ffafriol. Ynysoedd y Gwylanod, Trwyn Penrhyn, a thu hwnt fyddai ein hail ddewis.

Weithiau dôi Taid hefo ni a byddai yntau a Nhad yn enwi'r creigiau a'r cilfachau ar y ffordd – Ogof Ddeuddrws, Cadair Cawr, Porth y Gloch, Trwyn Dwmi, Porth Pistyll, Ogof Newydd, Henborth, Llech Grainc, Pen y Cil, Ledis y Pen, Ogof Eural, Trwyn Crych, Maen Llwyd, Ceiliog, Parwyd, Trwyn Bychestyn, Carreg Ddu, Pared Llech Melyn, Ffilws, Porth Felen, Trwyn Gwyddel, Tocyn Brwyn, Llechi Gwyddel, Carreg Gwyddel, Ffynnon Fair, Trwyn Maen Melyn a'r maen fel llyffant uwch y môr, Bae Mawr, Allt Lefn, Trwyn Bylan,

Greigle a Braich y Pwll. Bydden ni'n tynnu dwy lein a chwe bachyn a phlu amryliw arnyn nhw, a phlwm yn bwysau, i ddal mecryll a physgod gwynion. Roedd eu gweld yn dod i'r wyneb fel edrych ar stribedi arian a thrydan yn eu bywiogi. Yna ar ôl glanio ar waelod y cwch byddai'r trydan fel petai'n cael ei sugno ohonyn nhw a rhoddent ambell i chwalp cyn wynebu'r anorfod. Weithiau, os mai dim ond rhyw un neu ddwy o fecryll a ddaliwyd, byddai Taid yn torri slefran denau o dan gynffon macrell farw a'i rhoi ar fachyn, a haerai y byddai hyn yn denu mwy o bysgod i'r helfa. Roedd ganddyn nhw enwau ar y llif ar y môr ac fel y newidiai hefyd: Dŵr Traeth, Trai Bach, Dŵr Werad, Codwm Braich, ac mae'n siŵr bod 'na fwy o lawer, ond rhain dwi'n eu cofio. Mae Trwyn Bylan a Braich y Pwll tua thri chan llath oddi wrth ei gilydd, ond ar adegau pan fydd y môr yn llifo'n hollol groes ar y ddau drwyn, 'Llanw Braich, Trai Bylan', a ddywed y pysgotwyr.

Fyddai fawr o neb yn mynd ar y môr ar y Sul yn yr oes honno. Dwn i ddim ai crefydd, traddodiad neu gyfuniad o'r ddau oedd y rheswm, ond fel yna roedd hi. Un o'r rhai fyddai yn mynd ar y Sul oedd Eddie Williams neu Edi Post fel y câi ei adnabod yn lleol. Weithiau cawn i a Nhad fynd hefo fo o gwmpas ei gewyll yn ei gwch bach deuddeg troedfedd *Cadlan*. Yn ddiweddarach gwnaeth John Thomas, Pwllwgwr gwch newydd iddo, ac o ran diddordeb hwn oedd y cwch olaf a wnaeth. Galwyd y cwch newydd yn *Jim*, ar ôl mab y saer. Fel hyn y canodd John Rowlands, y bardd a'r gyrrwr lori laeth i'r cwch:

> Hen ŵr cain fu'n llunio'r cwch, – arno graen
> Yr hen grefft a welwch,
> Daw Jim â llawer cimwch
> I draeth o'r ewynnog drwch.

Roedd amryw o gychod ym Mhorth Meudwy bryd hynny, cychod *clinker* i gyd, y rhan fwyaf ohonyn nhw wedi'u peintio â *coaltar* y tu mewn er mwyn dal dŵr a hwythau'n heneiddio ac wedi cael ambell i gnoc wrth eu gwaith. Fesul dau y byddai rhai'n c'willa, gan ei bod hi'n anodd i un gael gafael ar raff a bwi hefo bach bwia yn yr oes pan fydden nhw'n hwylio neu rwyfo o gwmpas y cewyll. Roedd yr arfer wedi parhau er bod gan bawb beiriant Seagull erbyn hynny. Peiriant un silinder syml iawn i'w roi ar starn cwch oedd hwn, a ddatblygwyd yn Poole, Swydd Dorset. Rhaff o linyn coch oedd ganddyn nhw, nid rhaff sy'n nofio fel rhai heddiw, a bwi o ddur neu gorcyn ar ben y rhaff. I gynnal y rhaff, wedi iddi fynd yn drom gan ddŵr, rhoid cyrcs bach bob rhyw wryd arni, a gelwid y rhain yn weision. Cewyll crwn wedi'u plethu o wiail melyn gâi eu defnyddio, a cniw y fynedfa wedi'i blethu'n rhan o'r cawell. Tennyn tar – llinyn wedi'i roi mewn tar nes ei fod wedi sychu'n ddu, i wrthsefyll dŵr – âi trwy'r plethiad yn y cniw a dolen arno y tu mewn i'r cawell i ddal yr abwyd, a châi ei dynhau a'i glymu yng ngwiail y cawell. Yn bwysau, tri maen – cerrig wedi'u naddu rhag i'r carchar o raff oedd yn eu dal lithro. Yn abwyd, bydden nhw'n dal cŵn môr neu wrachod mewn rhwyd neu gefnen – rhaff denau a bachau wedi'u bwydo arni. Yna bydden nhw'n hongian y cŵn môr ar dalcen y storws yn y Borth, a chlywais hefyd y cleddid gwrachod yn y tywod rhag i bryfed gael atynt. Gwneid hyn am nad ydy cimwch yn hoff o abwyd ffres.

Yn ogystal ag Edi'r Post roedd Huw Tŷ Fry ac Efan Nant yn 'sgota hefo'i gilydd ar yr *Annie* a chlywais nad oedd hi wastad yn dda rhwng y ddau. Bryd hynny bydden nhw'n bwyta eu cinio â'u cefnau at ei gilydd rhag i un weld fod gan y llall rywbeth gwell nag o. Clywais am un achlysur pan oedd pethau'n waeth nag arfer rhyngddyn nhw pan ddywedodd Huw wrth Evan y buasai'n ei daflu i'r môr heblaw fod arno ofn y buasai'n nofio i'r lan. Huw hefyd ddywedodd am ei fab, Griffith, a oedd yn ddyn tua deunaw stôn, a Huw yn ddyn bach sgit, 'Myn cythral i fachgan, fysa waeth gin i fuwch yn y cwch hefo mi na Griffith 'ma.' Eto i gyd roedd yn ddyn caredig iawn a byddai Morfudd, ei ferch yn aml iawn yn dod i Fryngronwy gyda'r nos â phwcedaid o grancod, digon i dynnu dŵr o ddannedd haid o blant llwglyd.

Clywais hefyd am ryw 'sgotwr ifanc a oedd newydd wneud ei gawell cyntaf ac wedi cymryd amser i'w wneud, yn mynd at Evan Nant i'w ddangos, ac i ofyn ei farn ar ei waith. 'Ia, ia,' meddai'r hen 'sgotwr, 'mae o'n iawn, ond pan fyddi di 'di gwneud ryw ddau gant, fedri di wedyn neud un da,' gan dorri calon y llanc druan.

Roedd Dafydd Bynglo ac Owen Bodermud hefyd yn cw'illa gyda'r nos hefo rhyw ychydig o gewyll, hefo cwch cul iawn o'r enw *Beaumaris*. Byddai pobl Enlli'n gadael hen foto beic yn y storws er mwyn hwyluso'r daith i lawr ac i fyny'r lôn gul o'r Borth i ffermdy Cwrt. Pan oeddwn i tua wyth oed, roeddwn i yn y Borth hefo Nhad un noswaith ac roedd Dafydd yno hefyd. Galwodd arna i i mewn i'r storws ato, a dweud wrtha i am roi cic i rwbath oedd yn sticio allan o ochr y peiriant. Wnes i ddim meddwl, dim ond gwneud fel y gofynnodd, a dyma fo'n tanio a mwg a sŵn lond y cwt. Dychrynais a rhedeg allan gan adael Dafydd yn chwerthin yn braf am fy mhen. Ond roedd yn hawdd iawn maddau iddo, achos byddai ganddo lond ei boced o Toffee Rolls bob amser a doedd dim ots ganddo rannu.

Yn ogystal â chimychiaid a chrancod, roedd 'na secars cochion – creaduriaid tebyg i gimychiaid, ond eu bod gan amlaf yn fwy a does ganddyn nhw ddim bodiau fel cimwch. Mae'r cig i gyd yn y gynffon, ac maen nhw'n fwy blasus yn fy marn i. Maen nhw'n gwneud rhyw sŵn fel hinj drws sydd heb weld olew erstalwm. Weithiau ceid secar mewn cawell

ac un arall yn eistedd ar ben y cawell. Byddai'n rhaid bod
yn fachog iawn i gael gafael yn yr un ar y tu allan, gan y
byddai'n gollwng ei gafael cyn gynted ag y dôi'r cawell o'r
dŵr. Roedd gofyn bod yn ofalus hefyd gan fod darn miniog
o gragen fel llafnau trionglog yn cau ar ei gilydd pan maen
nhw'n chwalpio eu cynffonnau, eu hunig ffordd o amddiffyn
eu hunain. Roedd y lle'n frith o secars yr adeg hynny, ond
bellach maen nhw'n brin iawn, oherwydd yn niwedd y
chwedegau a dechrau'r saithdegau daeth nofwyr tanddwr,
a oedd yn bla yma ar y pryd, i ysbeilio'r secars a dywedir,
gan mai dim ond y gynffon sy'n fwytadwy, y byddent yn
ei thorri oddi ar y rhai byw a gadael gweddill y corpws ar
waelod y môr. Digiodd yr ychydig secars oedd ar ôl wrth
weld y cyrff, a symud o'u cynefin, a dydyn nhw byth wedi
dychwelyd wedyn – hyd yn hyn, beth bynnag. Dim ond ar
achlysuron prin iawn y ceir rhai bellach. Ond mi ddaliais i
ddwy, a miloedd ar filoedd o wyau o dan eu cynffonnau yn
2011, ac aed â nhw i'r Sw Fôr ym Mrynsiencyn, gan feddwl
y bydden nhw'n deor yno. Ond clywais mai marw wnaeth y
ddwy yn eu caethiwed.

Ni wn i ddim os oes enw ar secar sy'n cario wyau, ond yr
enw ar gimwch fanw yn yr un sefyllfa yw brownes, hynny
yw yr wyau ydy'r brown. Maen nhw'n ddu ar y cychwyn ac
wrth aeddfedu mae'r wyau'n goleuo yn eu lliw, ac wedyn ar
ôl cyrraedd yr amser penodedig, byddan nhw'n disgyn oddi
ar y fam ac yn gorfod cymryd eu siawns yn y môr mawr
creulon. Mae'n debyg mai ychydig iawn o'r miliynau sy'n
byw i ddod yn gimychiaid aeddfed. Mae cimwch a chranc
yn tyfu trwy fwrw'r gragen, neu'r gistan sydd amdanyn nhw,
ac felly, maen nhw'n feddal ac yn ysglyfaeth hawdd i bysgod
ymosodol yn y cyfnod hwnnw cyn caledu eto. Felly am y
cyfnod hwnnw byddan nhw'n swatio a chysgodi'n gudd
mewn tyllau, er bod rhai meddal weithiau mewn cewyll.

Cranc neu granges wisgi y gelwir y rhai sydd ar fwrw eu cistiau a saeog yw cranges feddal sydd yn caledu.

Cranges wisgi yw'r abwyd gorau i ddal gwrachod, ac mae hanesyn am Griffith Jones (Gwagi), Gwag Noe, Uwchmynydd wedi mynd i lawr i Drwyn Gwyddel i 'sgota, hefo, ymhlith eraill, Huw Roberts, y dramodydd a'r athro Cemeg yn Ysgol Botwnnog. Cyn rhoi'r abwyd ar y bachyn rhoddodd Gwagi ddarn o'r granges yn ei geg a chnoi arni nes y llifai'r gymysgfa ddyfrllyd frown i lawr ei ên, a wnaeth hyn fawr o les i stumog Huw Roberts. Yna gwagiodd ei geg i ddarn o hosan neilon a'i glymu ar y bachyn a gwneud sioe fawr o'i dynnu o'i geg a dyna pryd y gwelodd cinio'r athro druan olau dydd unwaith eto.

Roedd hwyl i'w gael yn y Borth ond roedd ochr dywyll i'r lle hefyd. Yn 1955 lladdwyd John Evans, Ty'n Lôn, Uwchmynydd, gynt o Cristin, Enlli pan drodd y tractor roedd yn ei ddefnyddio i dynnu ei gwch, a'i wasgu oddi tano. Roedd fy nhad yn gyfaill mawr i John Evans, a chlywais o'n dweud lawer gwaith sut y cafodd ei ddeffro gan sŵn clocsia Dafydd Bynglo yn rhedeg heibio i Frynchwilog Uchaf i nôl Taid noson y ddamwain. Wnaeth Dafydd ddim nôl fy nhad gan y gwyddai fod y ddau'n gymaint o gyfeillion. Fel hyn y canodd y prifardd Gwilym R. Jones, un â'i wreiddiau yn Uwchmynydd, iddo:

> Wylofain gwylain yn gôr – sy'n torri
>   Dros ein tirion oror
>   Am yr hawddgar garcharor
>   Nad â mwy ar hyd y môr.

Hanesyn trist arall o'r fro hon ydy hanes tri brawd Ward, Cadlan Ucha. Roedd eu rhieni'n ffermio yno uwch y môr, rhwng Aberdaron a'r Rhiw, ym Mhenycaerau. Lladdwyd un brawd Graham mewn damwain moto beic, syrthiodd un arall, Keith, wrth hel wyau gwylanod, a chollwyd Jeff, y trydydd pan oedd yn c'willa o Borth Cadlan. Huw Tŷ Fry oedd yr olaf i'w weld yn Swnt Enlli, a chafwyd ei gwch y *Lone Star* yn wag, filltiroedd i'r dwyrain o Enlli. Ar draeth yn Ardudwy y cafwyd ei gorff ymhen peth amser wedyn. Dywedir y byddai'n gas gan eu mam weld plismon yn dod yno gan mai'r rhain ddeuai â'r newyddion drwg iddi bob tro. Gofyn a wnâi ai dod i ddweud bod un arall wedi marw roedden nhw.

4

Dyddiau Ysgol a'r Rigeta

FEL POB PLENTYN arall roedd yn rhaid i minnau fynd i'r ysgol, ac yno yr es pan ddois i oed. Tacsi, hen fan werdd a seddi ynddi, a'm cyrchai o Ben Bryn Bach a'm danfon yn ddiogel i Ysgol Deunant. Rhyw ddwy filltir o daith oedd hi o Fryngronwy, a rhyw hanner milltir o bentref Aberdaron, ar y lôn rhwng y pentref a thraeth Porthor, nid Porthoer, fel sydd wedi bod ar arwyddion y Cyngor Sir tan yn ddiweddar iawn. Ond haleliwia! maen nhw bellach wedi gweld y goleuni, drwy ryw ryfedd wyrth.

Roedd chwech ohonom yn y flwyddyn honno yn nosbarth Miss Mary Roberts, Anhegraig, a'r prifathro Mr John Morris. Tair o genod, Eilwen, Llys Hyfryd, y Rhiw, Linda Tŷ Hen, Anelog a Myfanwy, Plas Minffordd, Aberdaron. Yr hogia oedd Dylan, mab y prifathro â'i gartref yn Nhŷ'r Ysgol, Hywyn, Gwynant, Aberdaron, a minnau. Dwi ddim yn credu bod Eilwen yno o'r cychwyn cyntaf, ond ei bod wedi dod i Ddeunant wedi cau'r ysgol leol yn y Rhiw. Tân glo oedd yn cynhesu'r ystafelloedd, a chofiaf fel y rhoid cratiad o boteli llefrith wrth y tân i'w twymo cyn i ni'r plant eu hyfed ganol y bore. Mae'n gas gen i flas llefrith cynnes hyd heddiw.

Dim ond un disgybl di-Gymraeg oedd yno bryd hynny, sef Graham Molyneux, oedd ryw ddwy flynedd yn iau na fi, er bod Thomas Ellis, mab y telynor byd enwog Osian Elis yno hefyd, o'i gartref yn Llundain. Ond roedd ganddo fo grap go lew ar yr iaith, gan fod teulu Osian yn hanu o'r fro a'u bod yn byw yn y pentref am gyfnod yr adeg hynny.

33

Roedd buarth yr ochr uchaf a'r ochr isaf i'r adeilad. Y plant hŷn a chwaraeai yn y buarth neu'r iard isaf a'r plant iau yn yr iard uchaf, ac yno hefyd roedd y toiledau, a dwy sièd, fel y gelwid hwy, i ni gysgodi ac ymochel os byddai'n bwrw amser chwarae. *Urinal* llechen oedd un o doiledau'r hogia, a'r ochr arall i'r mur y tu ôl i'r llechen roedd yr iard. Yr her wrth reswm oedd medru gwneud dŵr dros y mur ac i'r iard. Chofia i ddim a lwyddais i gyflawni'r orchest, ond tybiaf mai aflwyddiannus fûm i, oherwydd byddwn yn cofio reit siŵr pe byddwn wedi llwyddo i gyflawni'r ffasiwn wrhydri. Wn i ddim, wrth reswm, sut le oedd yn nhoiledau'r genod, na beth oedd eu huchelgais nhw y tu ôl i'w muriau cyfrin hwythau!

Cynhelid clinig i fabanod a phlant dan oed ysgol yn rheolaidd yn yr ysgol. Yn y cyntedd y bydden nhw'n aros wrth ddisgwyl am gael mynd i weld y nyrs, neu pwy bynnag fyddai'n gweini arnyn nhw. Yn yr ystafell hon hefyd y bydden ni'n cael pigiadau i atal afiechydon yr oes, ac yn cael fitaminau i'n cadw'n iach.

Caem ein bwydo yn yr ysgol gan Miss Bet Evans, Tŷ'n Gamdda, Uwchmynydd, a'i chymhorthydd, sef fy modryb Bet, Brynchwilog Isaf. Cadwodd y ddwy foliau'r disgyblion yn llawn o fwyd maethlon, blasus am flynyddoedd maith.

Ysgol fach ac athrawon brwdfrydig, pawb yn adnabod ei gilydd, ac alla i ddim meddwl am unlle gwell i gychwyn ar ysgol addysg, er na ddringais i'n uchel arni chwaith. Diwylliant y fro, dysgu at eisteddfodau lleol, teithiau natur, hanes lleol, pethau'r byd yn ogystal ag addysg fwy ffurfiol. Cychwyn diguro. Cofiaf lawer o'r pethau a ddysgais yno, a chredaf fod dylanwad y camau cyntaf rheini'n dal yn gryf arna i hyd heddiw.

Roedd amryfal weithgareddau i'w cyflawni ar y tyddyn adref – carthu'r beudai, plannu a hel tatws, chwalu tail hefo fforch oddi ar drelar pryd hynny, ffensio a hel y defaid o'r mynydd a mynd â nhw yn ôl ar wahanol adegau o'r flwyddyn, yn ogystal â'u cneifio a'u tipio – digon i'n cadw'n brysur. Tua deg ar hugain o ddefaid oedd acw cyn i Nhad gadw ŵyn benyw i chwyddo'r stoc. Bydden ni'n cerdded y deg ar hugain hyn i aeafu yn Llangwnnadl, tua chwe milltir i ffwrdd. Aem â nhw un ai i Big y Parc neu i Glanrafon. Anodd fyddai cyflawni'r orchwyl hon heddiw, ond ychydig iawn o draffig oedd bryd hynny.

Roedd Mynydd Mawr, lle porai'r defaid pan nad oedden nhw'n gaeafu, nac adref ar gaeau Bryngronwy, yn gyrchfan boblogaidd i ni blant y mogra yma yn y gwanwyn a'r haf. Roedd giât ar y lôn sy'n arwain i fyny'r mynydd yn y cyfnod hwn pan ganfu'r ymwelwyr o Loegr ein darn bach ni o'r ddaear. Wrth reswm roedd yn rhaid iddyn nhw gael mynd i ben y mynydd, i gael gweld y Swnt ac Ynys yr Hud a'i dirgelion y tu hwnt iddo, ac ar ddiwrnod clir cael cip ar yr Ynys Werdd efallai. Felly i arbed trafferth i'r ymwelwyr, rhag iddyn nhw orfod dod o'u ceir, bydden ni'n agor y giât iddyn nhw, pawb yn cymryd ei dro, a chaem ryw rodd bach gan rai gyrwyr, ond ddim gan bawb. Cadwem yr arian mewn cwdyn tan adeg mynd adref, a'i rannu rhwng pawb fyddai yno'r adeg honno. Gallen ni gael hyd at ddeuddeg punt y dydd ar ddiwrnod da. Ar y ffordd adref bydden ni'n galw yn Nhŷ Mawr, y tŷ agosaf at y mynydd, achos byddai Martha'n gwerthu Corona a sigaréts, a chaem ddiod ac ambell fwgyn ar y ffordd tua thre. Ar Ŵyl y Banc y gwnaen ni'r arian gorau, ond wrth dyfu'n hŷn byddai pethau eraill yn ein denu oddi yno.

Un bore Sul hafaidd yn Ebrill 1966 daeth newydd fod rhyw ddyn diarth ar goll, ac yn ôl y sôn roedd wedi gyrru ei fan dros ben y mynydd i lawr Allt Fawr i'r môr. Geiriau Mam oedd, 'Cerwch i agor y giât, does wybod faint ddaw 'na heddiw.' A gwir oedd ei phroffwydoliaeth. Bu'r lôn gul yn llawn o gerbydau yn nadreddu eu ffordd i'r mynydd gydol y dydd. Deuai pobl yno i weld be oedd y CID yn ei wneud, ac i weld y nofwyr tanddwr yn plymio o gwch Evan Moore, yr Erw, i archwilio'r fan. Roedd honno ar waelod y môr islaw cwt Gwylwyr y Glannau a saif ar ben y mynydd, rhwng Ogof Braich a Thrwyn Bribwll. Yng nghwch Evan Moore aethon nhw am ei fod yn cadw ei gwch ym Mhorth Llanllawen, cilfach gul, tua chwarter milltir i'r gogledd o Fraich y Pwll.

Daethon nhw o hyd i'r cerbyd yn y môr, ond chawson nhw ddim corff ynddo. Do, daeth degau ar ddegau o gerbydau drwy'r giât y Sul hwnnw o fore gwyn tan nos, yn llawn o bobl fusneslyd yn dod i weld be oedd yn digwydd. A ninnau? Na, wnaethon ni mo'n ffortiwn wrth y giât y diwrnod hwnnw. A'r rheswm? Ymysg yr holl bobl chwilfrydig oedd yno ar ben y mynydd, roedden ninnau yr un mor fusneslyd â neb oedd yno. Anghofiwyd am y giât am y dydd, a chael pryd o dafod gan Mam am golli'r cyfle. A gyrrwr y cerbyd aeth dros yr allt, beth oedd ei hanes o? Ymhen ychydig ddyddiau daethon nhw o hyd iddo yng Nghonwy. Mae'n ymddangos ei fod wedi gwthio'r fan Thames dros yr allt er mwyn i'r awdurdodau, a phawb arall, feddwl ei fod yn farw. Am ba reswm bynnag oedd hynny, chawson ni ddim gwybod.

Ychydig iawn y bydden ni'n crwydro o'n milltir sgwâr yn yr oes honno. Byddai Mam yn cael bara a manion bwydydd dyddiol ym Mhen Bryn Bach – siop ryw ddau gan llath i fyny'r lôn o acw. Yna bob dydd Iau fe âi i siop Pencwm, ryw hanner milltir i ffwrdd, i wneud ei siopa mawr. Caem ni'r plant ein gyrru un ai i Ben y Bryn at Jane, neu i Ben Nant at Ann i mofyn menyn cartref a chael potelaid neu ddwy o laeth enwyn i fynd adref hefo ni. Byddai edrych ymlaen garw at swper trannoeth, achos caem ddysglaid o datw llaeth a menyn yn nofio ar ei wyneb, i lenwi'n boliau awchus.

Weithiau ar Sadyrnau aem i lawr i'r pentref, i siop y cigydd, er y bydden ni'n lladd ŵyn adref. Aem weithiau i nôl petrol, neu unrhyw beth nad oedd i'w gael yn siopau bach Uwchmynydd. Dôi faniau o gwmpas y fro hefyd i werthu nwyddau megis dillad, carpedi, cig, bwydydd ac ati, ac ar rai adegau o'r flwyddyn dôi Sioni Nionyn o Lydaw ar ei feic yn gwisgo'i fere, i werthu ei gynnyrch yn rhaffau o nionod.

Er mai anaml yr aem i Aberdaron, wrth i ni brifio byddai'r lle'n ein denu fwyfwy. Digwyddiad mawr y flwyddyn oedd y Rigeta. Rhoid hwylbrennau a hwyliau ar yr hen gychod pysgota er mwyn eu rasio o gwmpas bwiau a roid ym mae Aberdaron, er mwyn gweld pa gwch a pha gychwr oedd y gorau. Ar y dydd Llun cyntaf ym mis Awst – yr hen Ŵyl y Banc – os byddai'r tywydd yn caniatáu, y cynhelid y rasio. Dôi degau o iotiau o Abersoch i Aberdaron, ac ar ôl cyrraedd fe hwylient yn y bae gydol y dydd. Yn yr adwy lle cychwynnid y rasys roedd bwi mawr ar un ochr, a gan amlaf byddai bad achub Porthdinllaen, y *Charles Henry Ashley*, ar yr ochr arall. Byddai swyddog o'r Pwyllgor Rigeta ar fwrdd y bad achub i danio gwn i ddechrau a gorffen y rasys. Byddai'r *Charles Henry Ashley* yn gwneud y fordaith yn flynyddol, a byddai pobl leol yn mynd i Borthdinllaen ar fore'r Rigeta er mwyn cael teithio i Aberdaron arno. Cafodd rhai deithiau digon garw, a bu llawer yn bwydo'r gwylanod a'r pysgod tra rowliai'r bad o don i don, yn ôl y sôn.

Cocswain y bad bryd hynny oedd un o hogia Aberdaron, Twm Moore, a oedd wedi mynd i'r môr, i'r Llynges Fasnach, wedi dychwelyd a chael swydd cocswain ym Mhorthdinllaen, ac wedi gwneud enw iddo'i hun fel morwr chwedlonol. Clywais aml i hanesyn am ei allu a'i ddewrder ar y môr, fel yr hanesyn hwn. Mis Ionawr, un ai 1961 neu '62, oedd hi pan alwyd y bad achub gan fod llong yr *Aquila* mewn trybini i'r de o Enlli. Roedd y tywydd yn enbyd – gwynt,

37

niwl ac eirlaw, ond wrth reswm dalient ar y daith tuag ati. Collwyd cysylltiad radio rhwng y bad achub a'r lan a bu chwilio mawr amdanynt, ond oherwydd y niwl anodd oedd dod o hyd iddynt. Roedden nhw filltiroedd allan yng nghefn Enlli, heb radio na chyswllt â'r tir o gwbl, yn nannedd y ddrycin, ar goll ers oriau lawer, a'r criw'n digalonni, ac yn wir gwelent y diwedd yn dod. Roedd hi'n anodd llywio yn y ffasiwn dywydd, a be wnaeth Twm Moore wrth wynebu'r elfennau? Anobeithio? Nage, eu herio. Tynnodd ei grys a chlymu ei gorff mawr tywyll wrth y llyw i gadw'r cwch ar ei gwrs ac yntau bron yn noeth. A hwythau wedi bod ar goll am ddeunaw awr, atebwyd gweddïau'r teuluoedd, eu cyfeillion a'r gymuned forol ar y lan, a daeth Twm Moore â'r *Charles Henry Ashley* a'i chriw yn ôl i Borthdinllaen yn ddiogel. Morwr chwedlonol yn wir.

Trefnai Pwyllgor y Rigeta y byddai cychod bychain lleol yn cario pobl allan i'r bad achub tra'i fod ar angor yn y bae, ac fe fûm i allan arno amryw o weithiau. Hefo Hugh Glandaron, cefnder fy nhad yr awn y rhan amlaf. Roedd y bad fel pin mewn papur, y pres yn sgleinio fel aur a'r coed mahogani i gyd yn farnais clir.

Dôi llawer i'r pentref ar y diwrnod hwnnw a bariau'r Ship a'r Tŷ Newydd yn byrlymu o ganu, chwerthin a mwynhau, a byddai mabolgampau ar gae ger y pentref. Wedi'r rasio a'r bwrlwm âi'r bad yn ôl trwy'r Swnt tua'r gogledd, ac âi rhai arno unwaith eto am dro, ond doedd y diwrnod ddim wedi darfod i'r pentref bach. I gloi'r gweithgareddau byddai cyngerdd mawreddog a channoedd yn y gynulleidfa, ac enwau mawrion y dydd yn diddanu yn y neuadd, a safai lle mae cae chwarae'r plant erbyn hyn.

Dyma enghraifft o boster y Rigeta o'r dyddiau gynt. Y cyfan yn Saesneg sylwch:

August Bank Holiday (Aug 7th)

Aberdaron Regatta
Sports and Flower Show

President – Capt J. M. Jones Bontnewydd
Sailing Races commence at 10.30 a.m.
Sports and show at 2.30 p.m.

A grand concert at 7 p.m. in The Village Hall.

David Lloyd – Tenor
Henry Jones – Baritone
And the Amlwch Mixed Choir
(Conductor Hefin Jones)
Accompanist – Miss Eiluned Williams, Pwllheli

Chairman J. George Esq Pwllheli
Admission tickets – reserved seats 5.00 shillings
Unreserved 3.00 shillings and 2.00 shillings

Tickets may be obtained at the Post Office, Aberdaron
from 3.30 to 6.00 p.m. daily.
Hon Secretary Mr J. G. Roberts, Congol Cae, Aberdaron, Pwllheli
Printed by Parry and Son Pen y Groes

Roeddwn wedi gwirioni hefo'r busnes hwylio 'ma a bu swnian a swnian ar fy nhad i rigio'r *Betty* er mwyn cael cystadlu. Wedi laru ar y swnian ma'n siŵr, fe gytunodd. Y cam nesaf oedd cael mast, bŵm a hwyl ac ati. Rig Bermuda oedd gan y cychod lleol a rasiai, sef mast hir un darn a thrac ar ei hyd i dderbyn yr hwyl. Doedd gynnon ni ddim mast felly, ond ar ben y cwpwl oedd yn dal y to yn y Storws ym Mhorth Meudwy roedd 'na hen rai yn ogystal â iardiau a rhwyfau. Doedd y mastiau hyn ddim ond rhyw ddeg neu ddeuddeg troedfedd tra bod rhai'r rig Bermuda dros ugain troedfedd o hyd. Felly roedd yn rhaid rhoi iard oedd tua phedair troedfedd ar ddeg a darn o haearn ar ffurf pedol ar ei waelod ynghlwm ynddo i'w ymestyn. Rhoddwyd yr haearn hwn o gwmpas y mast a'i glymu fel na ddôi'n rhydd, clymu'r

hwyl wrth yr iard a'r mast a chodi'r iard i fyny i ben y mast
â rhaff. Petasa gynnon ni hwyl yntê! Gosodwyd y mast ar y
Betty a chaed benthyg hen hwyl gotwm drom gan William
Jones, Bodlondeb, y Rhiw. Hwyliau ysgafn o *terylene* neu
ddefnydd tebyg oedd gan y cychod eraill. Hen hwyl y *Kent*
y newidiwyd ei enw i *Lone Star*, y soniwyd amdano eisoes,
oedd hon.

Codwyd yr iard a'r hwyl un noswaith a rhoed y cwch yn
y dŵr, hefo haearn (*centerboard*) a llyw wedi'u benthyca gan
rywun, a daeth Griffith Jones Cae Mur, a oedd yn hwyliwr
profiadol, allan hefo Nhad a minnau. Tua chanllath allan
o'r traeth, yng ngheg y Borth, cedwid y cewyll cadw. Yno,
câi'r cimychiaid a'r crancod eu cadw fel y bydden nhw'n fyw
ac yn iach tan ddydd y gwerthu ac yn wir mae'r arferiad yn
parhau hyd heddiw. Tua hanner ffordd rhwng y lan a cheg y
Borth, cipiwyd yr hwyl gan afael y gwynt, clywsom sŵn clec
uwchben, ac yn ddisymwth disgynnodd yr iard, a chael a
chael fuodd hi i ni osgoi cael ein taro yn y cwch.

Estynnwyd y rhwyfau a thynnwyd am y lan, ac felly dim
ond hanner canllath fu ein mordaith gyntaf o dan liain ar
y *Betty*. Mae'n debyg mai'r pwt o raff a glymai geg y bedol
wrth y mast a dorrodd. Tacla menthyg, tacla sâl! Erbyn y
tro nesaf gwnaed yn sicr fod popeth yn addas ar gyfer pwys
y gwynt, ac roedd y cwch yn hwylio'n ddigon del. Doedd
dim amser i ymarfer eto gan fod y ras y noson ganlynol.
Doedd hi ddim yn dywydd ar ddydd Llun Gŵyl y Banc, felly
gohiriwyd cynnal y Rigeta tan yn hwyrach yn y mis.

Y cwch fyddai'n ennill fel arfer yr adeg hynny oedd
Cadlan, cwch Edi'r Post, a gâi ei hwylio gan Douglas a Fred
o Bwllheli. Hwn oedd y cwch i'w guro. Doedd 'na ddim
ebwch o wynt ar noson y ras, ond gan fod yr hen iard, ac
felly yr hwyl, yn uwch o gryn dipyn na'r rigin Bermuda,
roedd y *Betty* yn cael gafael ar yr awel uchel, ac roedden ni

ar y blaen. Ras ddiflas oedd hi gan fod cyn lleied o wynt, a'r ychydig hwnnw yn prysur ddarfod.

Wedi rowndio'r bwi olaf cyn yr adwy lle gorffennai'r ras, roedden ni'n dal ar y blaen, ond yn methu nesu at yr adwy, ac roedd y cwch y tu ôl i ni, y *Kitty*, i'w weld yn ennill tir. Methem â deall sut roedd y *Kitty* yn symud heb wynt yn ei hwyliau. Ond fel y nesâi atom gallem weld mai sgwlio roedd y llywiwr, Evan Roberts, hynny yw ysgwyd y llyw o ochr i ochr nes gyrru'r cwch ymlaen yn herciog, fel y gwneir weithiau â rhwyf dros y starn. Pan welsom mai dyma'r rheswm ein bod yn colli tir, gwnaethom ninnau yr un fath, a ras sgwlio fu hi hyd at yr adwy, ac o ychydig lathenni, ni a orfu. Y Rigeta gyntaf erioed i ni ei rhedeg, ac fe enillon ni, a chael cwpan hardd am ein trafferth. Roedd hi'n ddigon â gwneud i rywun feddwl nad oedd 'na ddim i'r hwylio 'ma.

Fe fûm yn hwylio am flynyddoedd wedyn, hefo Nhad, ac yn fy nghychod fy hun. Eto i gyd lwyddais i na Nhad i ennill yr un ras byth wedyn.

5

Y Môr yn Denu

PAN ÂI NHAD tua'r pentref am beint ar nos Sadyrnau, byddwn yn mynd hefo fo cyn belled â Brynchwilog Isaf, ac yno byddwn i a'm cefnder, Arthur, mab Bet, yn treulio'r gyda'r nos yn cael ein difetha gan Bet a Nain. Rhwng Brynchwilog a Bryngronwy roedd 'na dyddyn, o'r enw Ystohelyg Fawr, neu Stelig yn lleol, ac wrth y llwybr lle croesem o'r lôn drwy'r caeau roedd pwll, pwll Stelig. Byddai Nain yn ein siarsio i beidio byth â mynd yn agos at y pwll gan fod 'na ryw ysbryd yno. Rachel Groen roedd hi'n ei galw, ac roedd yn byw o dan y dŵr, ac yn ôl Nain byddai'n tynnu plant bach i'w chartref llaith. Dwn i ddim a oedd Rachel Groen yn bod, ond fe wnaeth y stori ein cadw ni'n ddigon pell oddi wrth y pwll reit siŵr, heblaw am yr adegau pan fyddai wedi rhewi'n galed. Doedd hyd yn oed Rachel ddim yn ddigon o fwgan i'n cadw rhag sglefrio a chwarae ar y rhew yno ac ar Bwll Brynllwyn gerllaw.

Paneidiau o de a thost i mi, a llefrith a Jaffa Cêcs i Arthur fyddai hi wrth i ni edrych ar y teledu. Rhaglenni amrywiol – Dick Emery dwi'n ei gofio, ac uchafbwynt y noson, *Match of the Day*. Man United oedd ei dîm o, a dwn i ddim pam yn iawn, ond Aston Villa oedd fy nhîm i. Everton oedd tîm prifathro ysgol Deunant, a dilynodd llawer o'r disgyblion ei esiampl o drwy eu cefnogi. Roedd tîm da yno bryd hynny â'r triawd chwedlonol Ball, Harvey a Kendall yng nghanol y cae iddyn nhw. Efallai mai er mwyn bod yn groes i bawb y dewisais i Villa, a nhw ydy fy nhîm hyd heddiw, yn ogystal â'r timau Cymreig wrth reswm. Ar ôl gwledda ar y tost, y cacennau a'r pêl-droed, dôi fy nhad i'm nôl yn yr hen fan Morris 1000, ar ôl gollwng Robin Pen Maes, Wil Bwlch a Robin Brynchwilog Uchaf ar y ffordd. Hyn wedi iddyn nhw i gyd fod yn brywela a thrafod a stilio hefo'r plisman yn Aberdaron ar ôl bod yn y Ship a'r Tŷ Newydd. Naid i'r fan ac adref â ni.

Yn aml iawn ar fore Sul, bydden ni'n dau, fy nhad a minnau, yn mynd i gerdded, un ai i draeth Aberdaron o Borth Simddai, Samddai yn lleol, ar ben gorllewinol y traeth, hyd at Bendraw'r Wig tua'r dwyrain, neu i Borth Neigwl, neu Borthor. Dibynnai ein dewis ar ba gyfeiriad roedd hi wedi bod yn chwythu'r dyddiau cynt, gan mai ein bwriad oedd hel broc môr.

Roedd llawer o longau hefo cargo ar eu deciau bryd hynny, a phan oedd hi wedi bod yn dywydd stormus, roedd siawns fod peth ohono wedi'i olchi i ffwrdd hefo'r môr, a gobeithio, wedi glanio ar lennydd Llŷn. Ceid cymysgfa eang o wahanol bethau ar y traethau ac yn y cilfachau – rhaffau, rhwydi, cewyll, bwiau, coed, plastig a hyd yn oed sigaréts. Cawsom gannoedd o sigaréts mewn pacedi mawr – Lucky 7 neu Lucky Strike oedd y gwneuthuriad. Doedd rhai ohonyn nhw ddim gwaeth, rhai â dŵr môr wedi'u staenio, a'r halen yn clecian wrth iddyn nhw gael eu tanio. Byddai rhai'n rhy wlyb i wneud dim ond tynnu'r baco ohonyn nhw i ddysglau a'i sychu'n ara deg ym mhopty'r Rayburn. Bu hwnnw acw am gyfnod hir, achos ni châi ei ddefnyddio ond pan fyddai baco go iawn yn brin yn y tŷ. Y rheswm? Roedd o mor sych, yn anodd i'w rowlio, a byddai hefyd yn llosgi'r gwddw.

Deuai ambell i gwch i'r lan hefyd. Dywedir i William Evans, Tŷ Pellaf, Enlli ddod o hyd i gwch tuag ugain troedfedd o hyd yn nofio yn un o ogofâu Enlli. Doedd Wil ddim am golli'r cwch ac felly arhosodd yno hefo fo nes i rai o ddynion yr ynys ddod i chwilio amdano, gan eu bod yn ei weld yn hir yn dychwelyd adref. Pan ddaeth y dynion a dod o hyd iddo, cawsant y cwch i'r lan. Ymhen ychydig cafodd darn o bren a'r enw Benlli wedi'i garfio arno yn froc a rhoed hwnnw ar y cwch a ganfuwyd. Cofiaf yr hen *Benlli* yn cludo nwyddau ac anifeiliaid yn ôl ac ymlaen i'r ynys ac yn twyo cwch o'r enw *Lleuddad* sy'n dal ar yr ynys. Defnyddid ef am flynyddoedd wedyn i gario anifeiliaid yn ôl ac ymlaen o'r tir mawr ac mae'n dal â'i ben i lawr uwchben y Cafn hyd heddiw. Wrth sôn am froc môr, bygythiad mawr a fu i'r Penrhyn yn y cyfnod hwnnw oedd olew. Dyma'r adeg y drylliwyd y *Tory Canyon*, ond drwy fendith ni chyrhaeddodd ei chwydfa ddu y baradwys hon.

Roedd gan Vaughan, darpar ŵr fy chwaer hynaf, Menna, hen gwch pedair troedfedd ar ddeg, wedi'i beintio'n llwyd a gwyn o'r enw *Don*. Byddai'n c'willa gyda'r nos, wedi amser noswyl o'i waith bob dydd yn adeiladu. Erbyn hyn roedd y basgedi crynion fel cewyll wedi mynd o ffasiwn a chewyll *frenchmen* a ddefnyddid. Gwaelod pren a thri neu bedwar bwa o goed ystwyth, a stribedi wedyn o fwa i fwa i'w hatgyfnerthu. Byddai rhwyd drostynt, a chniw i'r pysgod cregyn ddringo i mewn drwyddo. Wn i ddim o ble daeth y syniad o gewyll fel hyn, ond clywais fy nhad yn sôn bod 'na gychod mawr, o Ffrainc neu Lydaw, wedi dod i 'sgota i'r mogra yma flynyddoedd ynghynt ac wedi bwrw llawer o gewyll. Wrth reswm doedd y pysgotwyr lleol (sy'n ddigon gwenwynllyd os daw dyn o'r borth nesaf â'i gewyll i'r darn o fôr a ystyriant yn eiddo iddyn nhw), ddim yn croesawu'r estroniaid â breichiau agored. Cymerwyd y cewyll o'r môr, a'u cuddio ar y lan, cyn eu defnyddio eto gan ddwylo newydd. Tuag adref â'u cynffonnau yn eu gaflau yr aeth yr estroniaid wedi'r golled, a ddaethon nhw byth yn ôl – hyd yn hyn beth bynnag.

Byddwn yn cael mynd i g'willa hefo Vaughan ar y *Don*. Roedd yr hen gwch mewn cyflwr digon truenus, ac yn gollwng fel gogr. Ar ôl gorffen codi ei gewyll un tro aeth Vaughan at Edi'r Post i'w gwch o, y *Jim*, am ryw reswm, a'm gadael i ar y *Don*, ar fy mhen fy hun. Roeddwn tua'r deg neu un-ar-ddeg oed ac wrth fy modd. Cwch i mi fy hun o'r diwedd, os mai dim ond am gyfnod byr. Aeth Vaughan ac Edi am y Swnt, gan fy ngadael i'n chwarae hefo fy nhegan newydd yn y bae. Dwi'n siŵr y buasai Mam wedi cael cathod, lawer iawn ohonyn nhw, pe gwyddai. Roedd injan Yamaha newydd ar y cwch, a oedd yn dipyn cyflymach na'r hen Seagull oedd arno cynt, ac wrth gwrs roedd yn rhaid ei hagor i weld pa mor gyflym yr âi. Y drwg am y chwarae 'ma oedd fy mod i wedi hepgor fy nyletswyddau sbydu, hynny ydy gwaredu'r dŵr oedd yn gollwng i mewn i'r cwch, ond pan welais y sgotal ôl yn nofio, es ati rhag blaen yn ddeheuig hefo'r tun sbydu. Wrth gyflawni'r orchwyl hon, wrth reswm rhaid oedd bod ar ben i lawr am gyfnod go lew, a rhoi rhyw gip weithiau i weld pa ffordd roedd y cwch yn llywio. Roedd yn dal i fynd dros y tonnau ar wib, a minnau â'm pen i lawr yn sbydu'n ddiwyd. Codais fy mhen yn sydyn, a be oedd o'm blaen ond mur o graig. Doedd dim amser i arafu'r peiriant, dim ond gwthio'r tiler cyn belled ag yr âi i'r ochr, cau fy llygaid a gobeithio am y gorau. Ac fe drodd yr hen gwch ei drwyn i'r môr ychydig lathenni o'r graig. Edrychais o'm cwmpas. Nac oedd, doedd neb wedi 'ngweld i. Sychais y chwys oddi ar fy nhalcen, a soniais i ddim gair am y peth wrth neb, hyd heddiw. Pe na bawn wedi codi 'mhen pan wnes i, buasai'r hen *Don* mewn cyflwr mwy truenus fyth, yn yfflon, a dwi'n sicr y buaswn innau wedi cael croeso digon cynnes, os nad un gwynias yn wir, gan Vaughan.

Roedd carafán ger y tŷ ym Mryngronwy, a byddai Mam yn ei gosod dros fisoedd yr haf i ymwelwyr, ac roedd toiled allan ger y garafán. Gyda dyfodiad dŵr i'r fro newidiodd bywyd yr ardalwyr yn enfawr, ac mae hanesyn yn dod i'r cof am hen gymeriad o'r pentref, Wil Gegin, y Gegin Fawr am wn i, lle'r honnir y byddai pererinion yn gorffwys, ac yn cael lluniaeth ac ymgeledd cyn y rhan olaf o'r daith i Enlli. Gofynnodd rhywun i Wil a oedd am roi toiled yn y Gegin. Ei ateb wrth sôn am rai a roddodd doiledau yn eu hanheddau eisoes oedd, 'Diawlad budur, cachu yn y tŷ a digon o le ar y traeth'.

Ond yn ôl at yr ymwelwyr. Yn sgil y rhai a ddôi i'r garafán, deuai ambell un arall hefo'i babell i'r cae. Byddai dau gwpl ifanc o gyffiniau Lerpwl yn dod yn weddol aml. Mae'n siŵr bod John a Iolo tua phedair a phump oed ar y pryd, ac yn mynd at y pebyll i fusnesu. Yn naturiol byddai preswylwyr y pebyll yn dangos diddordeb ynddyn nhw, ac yn chwarae hefo nhw. Byddai un ohonyn nhw, Brian, yn gafael yn eu dwylo ac yn troi ei gorff yn ei unfan, nes bod traed y plant yn glir oddi ar y ddaear. Roedd Iolo yn enwedig wedi gwirioni hefo'r gêm newydd ac âi yn ôl at y babell dro ar ôl tro gan weiddi, 'Breian tro fi rownd, Breian tro fi rownd' hyd nes y gwnâi unwaith eto, a does dim angen gofyn â pha enw y bedyddiwyd y gwron hwnnw o'r babell. Ia 'Breian tro fi rownd' fu o byth ers hynny. Mae'n dal i ymweld â'r ardal yn achlysurol heddiw.

Byddai rhai o'r ymwelwyr yn dod i 'sgota hefo Nhad a minnau, ac yn gwirioni ar y golygfeydd a welid o'r môr. Byddem yn 'sgota yn y Swnt heblaw am yr adegau pan fyddai'r llanw'n llifo yno. Felly, aem allan, fel arfer at Ynysoedd y Gwylanod, a 'sgota allan y tu ôl iddyn nhw neu ar drwyn un o'r ddwy. Os mai ar y trwynau y byddem, dywedai Nhad ein bod 'ar lyw' Ynys Gwylan Fach neu 'ar lyw' Ynys Gwylan Fawr. Defnyddiwn yr ymadrodd hyd heddiw yn lleol, er mae'n siŵr na ŵyr y bobl hyn fwy na finnau beth yw'r ystyr.

Yn wir wn i ddim a ydw i'n sillafu'r gair yn gywir, gan na welais erioed mohono wedi'i ysgrifennu. A chlywais i erioed neb yn dweud eu bod 'ar lyw' Carreg Ddu, Enlli na Maen Gwenonwy, nac unrhyw ynys na thrwyn arall chwaith. Na, dim ond Ynysoedd y Gwylanod. Hir y parha.

Adroddai Nhad hanesion am ambell i fan wrth fynd heibio iddyn nhw yn y cwch, ac am yr ynysoedd yn enwedig. Roedd wedi bod yno droeon yn casglu wyau gwylanod i'w bwyta. Unwaith erioed y ceisiais i fwyta un, wy wedi'i ffrio â'r melynwy'n oren, oren, a blas cryf iawn arno. Trio dangos 'mod i'n hogyn mawr ma'n siŵr, ac y medrwn wneud fel y gwnâi fy nhad. Un gegaid gymerais i cyn rhedeg trwy'r drws yn cyfogi, a fu 'na erioed ail flasu. Yn ogystal â hel wyau, eid i'r ynysoedd i saethu hwyaid a gwyddau gwylltion. Maen nhw'n frith o adar o bob math, ac mae'r morloi i'w gweld un ai'n nofio neu'n torheulo'n ddu ac yn ddiog ar y creigiau, heblaw am y rhai ifanc, gan mai gwyn ydyn nhw pan enir nhw, ac maen nhw'n tywyllu'n raddol wrth brifio.

Un tro aeth Nhad, a Gruffydd Jones, Cae Mur yno i saethu hwyaid, ond doedd yr adar ddim ar yr ynysoedd. Ar ôl mynd yno, a mynd â gwn hefo nhw, roedd hi'n bechod mynd adref heb danio at ddim byd 'yn doedd? Taniodd Gito at forlo, a throi am adref. Mae'n rhaid nad anafwyd y creadur yn ormodol, oherwydd dilynodd y cwch yr holl ffordd tua dwy filltir i'r Borth. Roedd y ddau saethwr yn ddigon balch o gael eu traed ar dir sych, a dwi ddim yn meddwl i'r un o'r ddau danio at forlo byth wedyn. Nid creadur ysgafn mohono, a mater bach fyddai iddo, pe rhôi ei feddwl ar hynny, droi'r cwch bychan.

Gito Cae Mur, neu Gito Christmas oedd o, am mai dyna oedd ei enw bedydd, gan mai ar ddydd Nadolig y'i ganwyd. Roedd ganddo dddywediadau ac athroniaethau unigryw iawn, ac efallai y down ar draws un neu ddau ohonyn nhw eto cyn diwedd y gyfrol. Byddai bob amser yn gwisgo bresys, a rhywun rywdro yn gofyn iddo pam. Ei ateb, 'Wyddost ti be 'nghwash i, fasa'n well gin i fod heb drowsus na heb fresys.' Athronydd yn wir.

Os nad oedd pysgod i'w cael yng nghefn yr ynysoedd, aem draw hyd at Drwyn Talfarrach a Thrwyn Penarfynydd, a dod yn ôl heibio Porth Llawenan, Porth yr Alm, Porth Ysgo, Buddai Pwll Cŵn, Porth Cadlan, Maen Gwenhonwy, Wislan, y Cloc, Trwyn Bychestyn, Ogo' Leuddad, Carreg Cybi, trwy'r Swnt bach, sydd rhwng y tair craig ar Drwyn Penrhyn, yr Ebolion ac Ynys Gwylan Fawr, lle mae'r llif yn cael ei wasgu rhwng yr ynys a'r trwyn. Ymlaen heibio Llech a'r Ogof Ddeuddrws arall, Carreg Allan, y Wig Bach a Phen Draw'r Wig, Carreg Meudwy a Charreg Ring a'r Banc Sidan ar draeth Aberdaron, Porth Simdde neu Samddai yn lleol, lle mae ôl polion hen *stage* lwytho i'w gweld pan mae trai. Ychydig o ffordd i fyny Nant Dwyros mae olion codi mwynau. Ym Mhorth Samddai hefyd y llifa Afon Saint i'r môr.

Wrth fynd ymlaen am Borth Meudwy, Bwrdd Mawr yw'r garreg wastad, wedyn Trwyn Cam, Traeth Llam, Ynys Piod a'r creigiau bach ar y dde wrth ddod i'r lan. Dyddiau difyr oedd dyddiau 'sgota a mynd o amgylch tai'r ardal wedyn i werthu'r ysbail.

Y bythefnos gyntaf ym mis Awst bob blwyddyn, byddai pawb bron yn cymryd eu gwyliau, ac ar un dydd o'r gwyliau hynny, aem ar bererindod i Enlli. Byddai rhwng chwech a deg o gychod yn cychwyn o'r Borth, a phawb â digon o fwyd i'w gynnal am y dydd. Os oedd hi'n ddigon braf i fynd ar lanw, llywid y cychod allan rhwng Ynys Gwylan Fawr a Phen y Cil, gan gadw digon allan, a chadw tŷ fferm Dwyros o fewn golwg. Trwy lywio'r ffordd yma defnyddid y llanw, sy'n llifo am y gogledd, i'n cario i Briwgerrig neu Braich y

Fwyell, ac nid oedd rhaid ymladd rhediad y llif. Os mai ar drai yr eid, mynd gyda'r lan trwy'r Swnt nes cyrraedd Trwyn Bylan neu Braich y Pwll, yna llywio allan tua'r gorllewin ac fe gariai'r trai'r llynges fach heibio pen gorllewinol yr ynys, ac ychydig o daith wedyn oedd 'na i glydwch y Cafn.

Ar ôl cyrraedd, âi pawb ei ffordd ei hun, rhai i 'sgota gwrachod neu bysgod gwynion (*pollack*). Gwneid hyn â'r cwch yn llonydd (plymio fel y gelwid yr arddull) a cheid pysgod gwynion mawr iawn o gwmpas y creigiau. Âi eraill i grwydro'r ynys ond roedd, ac mae, gofyn bod yn ofalus. Pan fydd haul ac awel, gan fod cymaint o halen yn yr awyr, hawdd iawn yw llosgi'r croen. Mae'n cochi'n gynt o lawer nag y gwna ar y tir mawr. Âi ambell un i'r goleudy, lle roedd dynion yn gweithio bryd hynny, a chaem ddringo'r grisiau i'w ben, lle roedd gwydrau anferth yn nofio mewn arian byw a'r gwaith pres yma eto'n sgleinio fel aur. Dôi pawb yn ôl i ben y Cafn at amser bwyd, a threulio orig ddifyr yn bwyta, yfed te o fflasgiau a rwdlan a thynnu coes, cyn i bawb fynd ei ffordd ei hun unwaith eto. Yna ailymgynnull pan fyddai'r teid yn barod i hwyluso ein ffordd adref. Cyrraedd y Borth, tynnu'r cychod, a mynd adref wedi ymlâdd, ac aer diarth yr ynys hud yn ein swyno i gysgu'n gynnar y noson honno.

Roedd un o'r ymwelwyr a ddeuai acw wedi addo ci i Nhad, gan fod Meg, yr hen ast y meddyliai'r byd ohoni, wedi marw. Ci defaid a gwartheg da iawn oedd o, medda fo. Roedd cymdoges i ni, Laura Pen Maes, mewn ysbyty yn Lerpwl, a chafodd fy nhad a minnau fynd hefo Gito, ei gŵr, pan oedd yn ymweld â hi un Sul. Daeth y Sais a addawodd y ci i'n cyfarfod yno, a daeth y ci adref hefo ni. Sgamp oedd ei enw, ac fe lyfodd fy llaw a'm hwyneb yr holl ffordd adref. Roedd Nhad yn frwd i weld sut roedd y ci newydd yn gweithio ac aed ati drannoeth i geisio hel defaid hefo fo, ond doedd gan Sgamp ddim pwt o ddiddordeb ynddyn nhw.

Chwarae hefo ni'r plant, cyfarth, a'n sodlu oedd ei betha fo! Rhoed o'n sownd ar gadwyn am ychydig, rhag ofn iddo ddianc neu redeg ar ôl defaid, ond tynnodd rhyw gŵn bach oedd acw flew ei gynffon i gyd, nes ei fod fel selsig. Wedi hyn cafodd rwydd hynt i grwydro'r tyddyn fel y mynnai a bu acw'n gyfaill ac yn ddifyrrwch i ni am flynyddoedd, yn dda i ddim ond i gyfarth a chwarae. Cafodd fywyd braf heb wneud dim gwaith na dioddef pwysau'r byd.

Tua'r adeg yma roedd cychwyr o Dudweiliog yn rhoi lliain ar eu cychod, neu fel yn achos John Hughes, y Rhos, yn adeiladu cwch newydd i ddod i hwylio yn Aberdaron. Felly roedd raid mynd i weld y cychod a'r hyn fyddai'n cael ei wneud iddyn nhw er mwyn ceisio eu curo mewn Rigeta lleol. A dyna fyddai hi ar ambell i noson, nos Sul fel arfer – mynd i weld sut roedden nhw'n dod ymlaen. Cael arogleuo'r coed oedd newydd eu llifio neu eu pleinio yn y gweithdai, un o'm hoff arogleuon hyd heddiw.

Yn y cyfnod hwnnw roedd mwy nag un Rigeta, a chynhelid ras neu ddwy ar aml i ddydd Sadwrn yn yr haf a bu'n boblogaidd iawn am flynyddoedd. Yn ei hanterth yng nghanol y chwedegau a dechrau'r saithdegau roedd tuag ugain o gychod yn cymryd rhan. Ceid ras yn y bore, yn ôl i'r Borth am ginio, a rhyw botelaid o Guinness neu Mackeson hefo fo. Dwi'n siŵr mai yno y ces i flas ar gwrw, ac mae hefo fi hyd y dydd heddiw! Yna ceid ras arall yn y prynhawn. Nid o'r Borth yn unig y dôi'r cychod chwaith. O Draeth Aberdaron yr hwyliai *Marian*, *Tegwch*, *Ewyn* a *Mandy*, a chychod Tudweiliog, *Laura*, *Catherine*, *Siôn* a rhai eraill rydw i wedi hen anghofio amdanyn nhw. Roedd 'na dipyn o elyniaeth a thynnu coes rhwng cychwyr y Borth a chychwyr y traeth, ond ar y cyfan go wastad oedd y canlyniadau. Heddiw bydd y cychod i gyd yn hwylio o Borth Meudwy, gan ei bod yn fwy cysgodol yno, ond fe fydda i'n teimlo nad ydy'r bobl ar y traeth bellach hyd yn oed yn gwybod bod yna ras, heb sôn am pa liwiau ydy hwyliau'r gwahanol gychod. Bellach dim ond rhyw bump neu chwech fydd yn cystadlu. Roedd cymaint o ddiddordeb yn y rasys bryd hynny, ac er mwyn i'r gwylwyr wybod pwy oedd pwy, rhoed fan y trydanwr lleol, Henry David, ar Ben yr Odyn uwch y traeth, a'r prifathro lleol, John Morris, yn eistedd ynddi'n sylwebu trwy uchelseinydd fel 'tasai hi'n ras geffylau bwysig.

Ar ben yr allt, uwchben yr eglwys, roedd hen adeilad brics coch. 'Cwt hysh hysh' yn lleol, lle byddai rhyw weithgarwch cyfrinachol adeg yr Ail Ryfel Byd, ond a oedd bellach yn gwt ieir i John Roberts, Arfryn. Roedd John am wneud i ffwrdd â'r ieir, ac yn awyddus i werthu'r adeilad, a bu'r pwyllgor Rigeta'n ddigon doeth a ffodus i'w brynu, am tua dau gan punt os cofiaf yn iawn. Symudwyd y gwn tanio ac ati o Ben yr Odyn, ac efallai y collwyd mwy o gysylltiad â'r pentref wrth wneud hyn hefyd. Ymhen rhai blynyddoedd atgyfnerthwyd y mur rhwng y fynwent a'r môr, a chwalwyd yr hen gwt brics coch, a chodwyd yr un sydd yno bellach, a golygfa ysblennydd o'r bae oddi ar y balconi, mewn safle godidog uwchben y môr – dyma Glwb Hwylio Hogia Llŷn. Mae'r adeilad erbyn hyn yn fan i gynnal gweithgareddau lleol, ac mae'r llawr isaf yn gartre i Wylwyr y Glannau.

6

Y *Page Boy*

ROEDD 'NA DRADDODIAD yn y fro i gael dau gyngerdd yn neuadd Rhoshirwaun bob haf, un pan goronid merch o'r Rhos yn Frenhines y Grug, a'r llall i goroni brenhines y Lleng Brydeinig. Câi merch o wahanol gylchoedd yn yr ardal ei dewis bob blwyddyn, ac yn 1967, Myfanwy Bryn Poeth, Uwchmynydd oedd yr un gafodd ei dethol. Yn ôl rhwysg yr achlysur, roedd angen gosgordd arni wrth reswm, a'r merched ffodus oedd Jane ac Ann, ei chwiorydd, Anwen Gwyddel, Enid Angorfa a Carol Bodermud Uchaf, ac am ryw reswm gofynnwyd i mi gario ei choron. Daeth Kitty, mam Myfanwy, acw ryw noson i ofyn a fyddwn yn mynd yn *page boy*, a chytunais heb feddwl rhyw lawer, na gwybod beth roeddwn yn ymgymryd ag o chwaith. Cyn noson y coroni bu ymarferion ddwywaith yr wythnos am wythnosau. Cerdded â'm cefn yn syth fel milwr i lawr o ddrws y neuadd a chlustog ar fy mreichiau plygedig, tu ôl i'r merched, yn ara deg ac urddasol, hyd syrffed. Ond dyna fo, chwedl Mam, os oeddwn i wedi cytuno roedd yn rhaid i mi wneud fy ngorau.

Wrth i'r noson fawr agosáu roedd yn rhaid mynd i chwilio am ddillad, a chefais drowsus melfed glas, crys gwyn a 'sgidia du yn sgleinio a byclau arian arnyn nhw. Dwi'n cofio meddwl am Fflat Huw Puw bob tro y gwelwn nhw. Daeth cyfnod yr ymarferion i ben ac ar y diwrnod mawr, gyrrwyd ni mewn cerbydau, dwi ddim yn cofio o ble, at ddrws y neuadd, a'r hen adeilad sinc yn orlawn i groesawu'r frenhines, a minnau'n crynu yn fy 'sgidia bycla arian, a'i choron ar fy nghlustog felfed. Aeth y noson yn ddigon diffwdan a bu coroni a chyflwyno breninesau eraill i Myfanwy yn ôl y drefn. Yna bu cyngerdd, er nad ydw i'n cofio fawr ddim amdano, na hyd yn oed pwy ganodd y noson honno.

Roeddwn i wedi meddwl mai dyma fyddai ei diwedd hi, ond na, roedd yn rhaid i'n gosgordd ni fynd i grwydro cyngherddau a charnifalau ar aml i benwythnos yr haf hwnnw. Fe fedrais osgoi mynd i'r mwyafrif, ond cofiaf symud fel malwen yng nghar William Jones Bodlondeb mewn rhes o geir, a'r gyrrwr yn cwyno cymaint o ddrwg roedd y mynd yn ara deg a'r pwyso diddiwedd ar y *clutch* yn ei wneud i'r darn hwnnw o'r car. Eistedd wedyn am yr hyn a deimlai fel oriau, a phenderfynu yn bendant. Na, byth eto.

Roedd 1969 yn flwyddyn fawr, a minnau bellach yn ddisgybl yn Ysgol Botwnnog, yn ddeuddeg oed, ac er na fedrwn ddweud â'm llaw ar fy nghalon fy mod yn mwynhau'r ysgol, doeddwn i ddim yn casáu'r lle chwaith. Wnes i ddim gweithio'n galed yno, gan na welwn ddiben mewn rhoi pwysau arna i fy hun os oedd modd cyrraedd y nod heb wneud hynny. Na, rhyw nofio yn 'wêc' y rhai disglair yn y dŵr llonydd a wnes i.

Prif ddigwyddiad 1969 wrth reswm i'r Cymry taeog oedd yr arwisgo a'i rwysg, i ddangos i ni lle roedd ein lle yn nhrefn Prydain Fawr, ond i hogyn ysgol roedd tridiau o wyliau yn werth ei gael beth bynnag y rheswm. Roedd angen arian arna i, felly es i ofyn i'r beiliff ar fferm Carreg Plas, Owen Jones, a oedd 'na waith yn ystod y cynhaeaf tatws, a ches fy anfon i waelod y cae, a chael rhes i'w hel. Edrychai'r cae'n hir ofnadwy o'r gwaelod, ond deuparth gwaith yw ei ddechrau a bwriais ati. Roedd hyn yn dipyn caletach gwaith nag agor giât y mynydd gynt. Deuai twr o weithwyr yno i hel y tatws cynnar, a byddai fan yn mynd o gwmpas y fro i'w casglu'n foreol, a'u dychwelyd adeg noswyl. Dywedwyd y byddai'r dyn hel plant i'r ysgol a swyddogion o swyddfa'r dôl yno'n aml, ac roedd sawl hanesyn am rai'n sgrialu drwy'r rhesi o'u blaenau. Bu'r diwrnod cyntaf hwnnw o waith go iawn yn un hir, ond daeth i ben. Credaf mai un rhes o datws a heliais, a gwyddai fy nghefn nad yn eistedd wrth ddesg yn yr ysgol y bûm i'r diwrnod hwnnw, na'r ddau ddiwrnod canlynol. Ond dyna fo, gwell gwaith caled yng Ngharreg Plas nag edrych ar y teledu ar yr ymgreinio yng Nghaernarfon. A chefais fy nhalu am fy llafur, punt y rhes, teirpunt am dridiau. Eiddo Philip Solari a'i feibion o Ganolbarth Lloegr oedd y fferm, a thyfent datws cynnar Home Guard, rhai gwlybion iawn, ac un o hoff ddywediadau'r perchennog oedd ei fod yn 'gwerthu dŵr am ugain punt y dunnell'.

Roedd Siop Pencwm bellach o dan reolaeth newydd. Ymddeolodd Rishiart a Kitty a chymerodd Llewelyn a Jennie, Bodermud Uchaf y denantiaeth ganddyn nhw. Mab y siopwr newydd oedd Gwynfor, neu Tarsan fel y'i gelwid bryd hynny, a dyna yw ei enw hyd heddiw. Rhyw flwyddyn yn hŷn na mi oedd o ac o dro i dro awn hefo fo i helpu ei dad i wagio llwyth oddi ar lori i gefn y siop. Cedwid pob math o nwyddau yno, a'n gorchwyl pennaf ni'n dau fyddai cario blawd a bwydydd anifeiliaid i'r llofft, gan mai yno y prynai tyddynwyr yr ardal fwyd i'r stoc, heb orfod crwydro o'u milltir sgwâr. Am fod amryw'n gwerthu llaeth roedd angen y dwysfwyd i'r gwartheg. William Gwyddel oedd un o'r gwerthwyr llaeth, er na fedrai odro, medda fo, gan na wnaeth erioed geisio dysgu gwneud. Ond fo âi â'r llaeth ar y daith fer o'r Gwyddel i'r llwyfan ar fin y ffordd. Un diwrnod, ychydig iawn o laeth oedd gan yr hen frawd i'w roi ar y lori, a gofynnodd y gyrrwr yn ddirmygus,

'Be, dim ond hynna sgin ti?'

'Ia,' atebodd William.

'Dwyt ti'm yn meddwl basa'n well i ti fynd ag o adra?'

'I be a' i ag o adra?' meddai William.

Yr ateb gafodd o oedd, 'Wel i neud pwdin reis 'te.'

Bûm yn Eisteddfod Llangollen hefo'r ysgol am y dydd yn ystod y cyfnod hwnnw. Dwi ddim yn meddwl i mi fod cyn belled heb Mam a Nhad cyn hynny. Mor lliwgar oedd cynrychiolwyr y gwahanol wledydd, a phob math o bobl, pob lliw a llun yno. Agoriad llygad yn wir i hogyn bach o ben draw'r byd. Cerddwyd maes y Steddfod, ac ar ôl cael llond bol yno, aeth pedwar neu bump ohonon ni am y dref. Ar ffenestr un o'r siopau amrywiol yno roedd arwydd a fu ryw oes yn

CADBURY'S
CHOCOLATE

Ond oherwydd henaint, y cwbl oedd ar ôl oedd

CADBURY'S
C OC

Bu hwyl mawr a herio'n gilydd pwy âi i mewn i ofyn am y danteithion hynod hyn. Yn y diwedd es i a'r dywededig Tarsan.

'Ie,' meddai'r ddynes y tu ôl i'r cownter.

'Meddwl...' meddai Tarsan.

'Ie,' meddai'r ddynes drachefn.

'Meddwl basa ni'n cal chwartar o'r Cadbury's coc 'na 'sgynno chi yn y ffenast, plis.'

Wnaethon ni ddim aros am adwaith y ddynes ond clywson ni hi'n dweud rhywbeth am 'y petha bach, budur' wrth i ni redeg drwy'r drws, a bu hwyl fawr ar ôl mynd allan. A Cadbury's Coc fu hi am wythnosau wedyn.

Dôi'r gyrrwr a'n cyrchai i'r ysgol o gwmpas yr ardal mewn hen gar Morris 1100. Gyrrai i fyny am Uwchmynydd, troi yng Ngroeslon Cwrt, codi'r plant oedd yn byw ar y lôn honno, o Bodermud Isaf ac Uchaf, Ty'n Lôn a Brynpoeth, mynd ymlaen am Groeslon Pwll Cyw, codi genod Pen Maes a Gwyn Cae Mur. Yna âi â'r llwyth, oedd wedi'u pacio fel sardîns yn y car, at y bws, a fyddai wedi'i adael ger y capel, gwagio'r llwyth i'r bws, a dod i'n nôl ni, blant Bryngronwy, yr Erw, Llanllawen a Gwyddel, tra bod y llwyth cyntaf eisoes ar y bws, heb neb yn eu goruchwylio. Wedi mynd â ni i'r bws bydden ni'n cychwyn am Fotwnnog. Nid dyma'r unig adeg pan fyddai plant ar y bws ar eu pen eu hunain chwaith. Byddai'n cael ei adael yno ger y capel, ar ben yr allt dros nos, rhag ofn na thaniai yn y bore, ac y buasai rhaid ei redeg i'w gychwyn. Doedd 'na ddim clo ar y drws ac ynddo y bydden ni'n chwarae'n aml gyda'r nos, yn cogio mai un ohonon ni oedd y gyrrwr. Mae'n dda na ollyngwyd y brêc cyn cychwyn y siwrnai ddychmygol.

Ar ambell i brynhawn Sadwrn awn i a Dylan, Tŷ'r Ysgol i dref Pwllheli, i weld y tîm pêl-droed, a oedd yn dra llwyddiannus ar y pryd o dan reolaeth Arthur Lunn yn chwarae ar yr hen Recreation Ground, lle saif Canolfan Hamdden Dwyfor heddiw. Bydden ni'n dal y bws o Aberdaron i'r orsaf fysiau ar y Maes, yna mynd am dro o gwmpas y dref ac i'r Cardigan Caffi, ar y Stryd Fawr am damaid o fwyd, cyn cerdded tua'r West End lle roedd y cae. Caem hwyl yn gwylio'r gêm a gwylio'r cymeriadau lliwgar a gefnogai'r naill dîm a'r llall, a gwrando ar eu sylwadau ffraeth a dilornus, yn enwedig am y canolwr druan. Ar ôl y gêm aem yn ôl i'r dref i brynu *Liverpool Echo* mewn rhyw siop fach i lawr grisiau ger sgwâr y dref, a chael sgoriau'r dydd wedi'u hargraffu ynddo – technoleg yr oes.

Gan fod angen arian er mwyn gwneud amrywiol weithgareddau, gofynnais i Nhad, a wnâi holi yn y pentref a oedd gwaith i'w gael yn rhywle. Daeth adref ryw noson a dweud bod angen rhywun i olchi sosbenni ac ati yng nghegin y Ship. Roedd teulu o'r Alban newydd ddechrau rhedeg y dafarn, Dave a Dolly Halliday, a'u mab David. Y dydd Sadwrn canlynol dechreuais weithio amser brecwast a chael bod digon o hwyl i'w gael yno. Fy nyletswyddau oedd golchi'r sosbenni a'u cadw'n daclus yn eu llefydd priodol, a glanhau'r gegin fel byddai angen. Yn ogystal â gweithio'r penwythnosau, byddwn yn mynd i lawr oddi ar y bws ysgol ar y ffordd adref ac yno byddwn i drwy'r gyda'r nos. Roeddwn yn mwynhau ennill cyflog, a'r rhyddid a gawn wrth gael yr arian hwnnw.

Un o Stornoway ar Ynys Lewis – un o Ynysoedd Heledd – oedd Dolly, a'r haf hwnnw daeth tair neu bedair o genod oddi yno i weithio i'r Ship – Chris, Dinah, Maggie May a Cathy. Bu Hector brawd Dolly a'i wraig yno am rai wythnosau hefyd. Anodd meddwl erbyn hyn sut y derbyniwyd gweithwyr estron i fro mor ddifreintiedig, heb gwyno, ond efallai ei bod yn haws derbyn Albanwyr. Siaradent Aeleg â'i gilydd a'r merched yn galw ei gilydd yn 'Hen'. Huw Bach oeddwn i iddyn nhw, ac roedden ni'n cyd-fyw yn gampus gyda'n gilydd.

Sais oedd Dave, a fo, yn ogystal â bod yn rheolwr, oedd prif gogydd y dafarn. Roedd yn gogydd da iawn ac yn fuan iawn roedd y lle wedi'i argymell fel lle da i fwyta gan Egon Ronay – clod iddo'n wir. Roedd yn gallu bod fel y tywydd, yn gyfnewidiol iawn. Byddai'n cael cyfnod o yfed wisgi'n drwm, yna'n sobri ac yn yfed dim ond llefrith am gyfnod wedyn, cyn troi'n ôl at y ddiod gadarn ac felly byddai'r cylch yn troi. Wrth reswm pan fyddai'n yfed roedd yn fwy cyfnewidiol fyth, a byddai'n ffraeo hefo amryw o'r cwsmeriaid yn y bar. Clywais am un cwsmer, oedd wedi bod yn y bar am gyfnod go hir yn gofyn am ddau wisgi iddo, ac yn taflu dau wydryn gwirod bychan iddo. 'Catch,' meddai. Gafaelodd Dave mewn dau wydryn peint trwm a handlen arnynt. 'You catch these,' meddai, a bu'r cwsmer yn ffodus i'w hosgoi fel yr aethant heibio iddo ar eu ffordd trwy wydr y ffenestr. Mae aml i hanesyn fel hwn amdano, ond ar y cyfan roeddwn i'n ei gwneud hi'n iawn hefo fo, ac ar ei orau fel y dywedais, roedd yn gogydd gwych.

Ar ôl gorffen gwaith y dydd, byddwn yn mynd allan am sgwrs hefo Evans, y plisman, a daflai ei gysgod enfawr dros y pentref o'i safle o flaen Siop Eleri. Doedd 'na fawr ddim yn digwydd yn y mogra hyn na wyddai o amdano, ac roedd ganddo ei ffordd ei hun o gadw trefn heb lys nac Ynad Heddwch.

Twm Glyn oedd perchennog Siop Eleri, a byddai lori fawr yn dod â nwyddau yno unwaith yr wythnos. Byddwn yn gwagio'r lori hefo fo a'i fab Bob ambell waith fel y gwnawn yn Siop Pencwm a chawn docyn o asennau mochyn am fy nghymorth. Yna awn adref hefo Nhad, a byddai Mam yn falch o'r asennau. Caem hwy i swper drannoeth ar ben tatws o bopty'r Rayburn. Gwledd yn wir.

Bryd hynny roedd y pentre'n brysur gydol yr haf, a phobl leol yn symud o'u tai, un ai i gwt neu garafán, er mwyn eu gosod. Dôi'r rhan fwyaf o'r ymwelwyr o Sir Gaerhirfryn neu o Ganolbarth Lloegr, y merched i orweddian yn dri chwarter noeth ar y traeth – diddanwch pur i'r hogia lleol! Byddai'r dynion yn 'sgota, yn chwarae hefo cychod ar y bae, neu'n yfed yn y tafarndai. Byddai'r bariau dan eu sang ac yn llenwi hyd yn oed fwy fel yr âi'r noson yn ei blaen, cyn cau am un-ar-ddeg. Yng nghanol yr estroniaid hyn byddai'r bobl leol, y ffermwyr a'r gweithwyr yno yn eu capiau stabal a'r hen emynau'n atseinio drwy'r pentref yn nosweithiol. Yn aml byddai'r tafarndai mor llawn nes bod cwsmeriaid yn gorfod bod allan yn y pentref, neu'n eistedd ar fur y Gegin Fawr.

Yr adeg hyn hefyd byddai pentref bach Sarn Mellteyrn yn hynod o brysur a phoblogaidd. Byddai cerbydau wedi'u parcio i fyny'r tair allt sy'n arwain o'r pentref, a'r tair tafarn – Tŷ Newydd, Pen y Bont a'r Penrhyn Arms – yn gwegian. Ac yma eto byddai canu emynau, yn enwedig ar noson pan fyddai'r mart yno. Ond bu tro ar fyd. Caewyd y mart, a bellach does fawr o wahaniaeth o ran ymwelwyr rhwng yr haf a'r gaeaf yno.

Yn Aberdaron, heblaw am nosweithiau arbennig, ychydig sydd yno'n yfed ar ôl deg o'r gloch er gwaethaf, neu oherwydd, yr oriau hyblyg. Tybed, pan oedd 'na amser cau ac agor penodedig, nad oedd gan y cwsmeriaid rywbeth i anelu ato, a bod pawb yno ar yr un pryd? Ydy'r oriau hyblyg yn rhy benagored? Neu bellach, ydy hi'n well gan bobl ddod i dafarn am fwyd, yna mynd yn ôl i'w carafanau a'u hadlenni am ddiferyn cyn clwydo?

Yng nghefn Siop Eleri, ar Ben yr Odyn roedd Twm Glyn wedi creu rhyw fath o arcêd, a pheiriannau hapchwarae a *pinball* yno. Byddai'r lle'n dynfa i gwsmeriaid wedi i'r tafarndai gau, i orffen gwagio eu pocedi. Roedd twr o gadeiriau traeth, *deck chairs* yno hefyd, a llogid hwy i'r ymwelwyr wrth y dydd. Yno hefyd y byddai'r ieuenctid yn cwrdd. 'Wela i di yng nghefn Eleri,' fel tasa hi'n bosib osgoi rhywun mewn lle mor fach ag Aberdaron.

Am resymau diogelwch, caewyd yr hen neuadd ers blynyddoedd, ond bydden ni'n cael mynd i gefn y llwyfan i gynnal Clwb Ieuenctid, ac aem drwodd i'r neuadd i chwarae pêl-droed. Yn fuan wedyn tynnwyd hi i lawr, a phrynodd ffermwr o Roshirwaun hi a'i hail godi yn sièd i'w wartheg. Yn y pentref erbyn hyn roedd dwy dafarn, un gwesty preifat, dwy siop fwyd, siop cigydd, becws, dau bwmp petrol, caffi, siop sglodion, siop esgidiau, siop cofroddion, dwy siop tacla' glan môr, Swyddfa'r Post a siop trin gwallt.

Tua'r adeg yma bu farw Edi'r Post, drwy hunanladdiad, a dwi'n cofio amdano un ai ar ei gwch, yn y Borth neu'n mynd i lawr lôn y Borth yn ei hen Jeep fechan werdd. Yn ogystal â bod yn bysgotwr, roedd yn un da ei law, a gwnaeth ferfa fechan bren i mi pan oeddwn tua saith oed, a bu honno ym Mryngronwy am flynyddoedd. Cafodd aflwydd ar ei groen, y credid efallai iddo ei gael o'r môr, a bu'n mynd yn ôl ac ymlaen i Fangor at arbenigwr am gyfnod tuag at ddiwedd ei oes. Efallai fod hyn yn poeni mwy arno nag a feddyliai neb ar y pryd.

Aeth yn anos i mi gael amser i hwylio gan fy mod yn gweithio ar benwythnosau, ond awn bob tro y medrwn. Gofynnwn weithiau fyddai hi'n bosib cael rhyw ddwy awr yn rhydd o'm gwaith. Weithiau fe gawn, a dro arall chawn i ddim. Gofynnais ryw nos Wener i'r cogydd gawn i osgoi gweithio gan fod 'na ras drannoeth. Mae'n siŵr ei fod wedi cael llond bol arna i, a llond bol o gwrw hwyrach, a dywedodd, 'No you can't have time off, you plwti bloody boy' – dyna fyddai'n fy ngalw yn ei ddiod – 'you'll never get anywhere sailing you know'. Atebais innau yn fy siom, 'Oh I don't know, Edward Heath seems to have done alright,' gan gyfeirio at y Prif Weinidog ar y pryd, oedd yn hwyliwr mawr, a cherddodd y cogydd o'r gegin gan ysgwyd ei ben. Gweithio fu raid drannoeth.

Erbyn hyn roeddwn wedi medru casglu ychydig o arian a daeth Nhad adref o rywle rhyw ddiwrnod a dweud ei fod wedi gweld cwch ar werth ym Morfa Nefyn, os oeddwn i eisiau ei brynu. Eisiau ei brynu wir! Roedd yn rhaid mynd i'w weld rhag blaen, ac er bod 'na dipyn o waith trwsio arno, pa ots, roedd 'na aeaf hir o'm blaen i wneud y gwaith, 'yn doedd? Prynwyd y cwch am tua deugain punt, a dod ag o adref, yn barod am ymgeledd.

7

Y Cwch Cyntaf
a Dechrau Gweithio

CYN DECHRAU'R GAEAF aethon ni â'r cwch newydd i mewn i gwt yn Tryfan, cartref Vaughan, sydd rhwng Penycaerau a phentref y Rhiw, ac aed ati i dynnu'r coed pydredig ohono. Roedd amryw o'r asennau wedi torri neu wedi cysgu. Tynnwyd y rhain a'r rimiau – y coed hir sydd o gwmpas ymyl cwch. O dynnu'r rimiau roedd yn haws rhoi asennau newydd ynddo. Coed derw oedd yr asennau newydd, wedi'u llifio i ryw fodfedd a chwarter o led a 5/8 o fodfedd o drwch. Gwnâi coed onnen, llwyfen neu larwydd y tro hefyd, os nad oedd ceinciau ynddyn nhw i wanychu'r pren. Gan fod angen eu plygu i ganlyn ffurf y cwch roedd yn rhaid eu stemio. Caed peipan, fel peipiau cario dŵr landar i lawr o'r bargod, o wneuthuriad haearn bwrw, wedi'i chau â darn o glwt neu sach ar ei phen uchaf, a thân nwy a dŵr yn berwi arno yn y pen isaf. Âi'r ager o'r dŵr berwedig i mewn i'r beipan, a chan ei bod ar ongl o tua 30° o'r llawr, âi i fyny drwyddi. Clymid llinyn am bennau uchaf yr asennau a roed yn y beipan eisoes, fesul tair neu bedair. Gadewid hwy yno am ryw ugain munud, yna eu tynnu oddi yno gerfydd y llinynnau, a heb wastraffu amser na gadael iddyn nhw oeri plygid nhw i mewn i'r cwch, gydag un dyn bob pen i'r asen. Wedi iddi farw i'w lle, (neu dorri fel y digwyddai weithiau) rhoid clamp ar y ddwy ochr i'w dal yno. Wedyn rhoid ambell i hoelen gopr a *roove* yma ac acw arni er mwyn ei thynnu i orwedd ar blanciau'r cwch. Roedd yn rhaid tyllu trwy'r planc a'r asen hefo darn o *spoke* olwyn beic wedi'i churo ychydig ar ei blaen i'w gwneud ychydig yn lletach, curo hoelen gopr, hoelen sgwâr, trwy'r twll, yna ei ddal ar ben yr hoelen, y tu allan i'r cwch â dyfais a elwid yn 'doli', rhag iddo ddod yn rhydd.

Darn trwm o fetal pres oedd y doli a darn o haearn yn ymestyn ohono tua modfedd a hanner allan o un pen. Roedd y doli'n drwm ac roedd yn rhaid i'r daliwr orwedd o dan y cwch hefo'r darn haearn yn erbyn pen yr hoelen. Tra daliai un ar y tu allan roedd y dyn ar y tu mewn i'r cwch yn rhoi *roove*, darn crwn o gopr tua maint ceiniog heddiw, a thwll yn ei ganol, am flaen yr hoelen a'i guro i lawr hyd at bren yr asen hefo darn o haearn tebyg i bwnsh ond fod 'na dwll trwyddo. Wedi pwnsho'r *roove* i'w le, torrid yr hoelen ychydig yn uwch na'r darn copr â gefail. Wedyn eid ati i guro'r hoelen â phen crwn morthwyl nes i'r copr glensho gan ei fod yn feddal, ac felly âi yn fwy na'r twll yn y *roove*, a daliai'r asen yn ei lle ar y planc.

Byddwn yn mynd oddi ar y bws ysgol yn Tryfan ac yn twymo neu wneud bwyd i ni'n dau cyn i Vaughan ddod adref o'i waith. Gan fy mod wedi bod yn gweithio yng nghegin y Ship, roedd gen i ryw grebwyll ar goginio. Yn wir bûm yn meddwl am fynd i'r byd hwnnw, a chymerais wersi coginio am gyfnod yn yr ysgol. Fi oedd yr unig hogyn yn y dosbarth, er diddanwch pur i weddill yr hogia, ond mi oeddan nhw'n ddigon parod i rannu'r gwyrthiau cogyddol ar y bws ar y ffordd adref hefyd. Wedi i'r chwiw gogyddol redeg ei chwrs es yn ôl i'r dosbarth gwaith coed hefo Mr William Williams. Wrth gofrestru galwodd fy enw, minnau'n cadarnhau fy mod yno. 'Ia,' meddai, 'mi fyddwn ni'n iawn am gacan.'

Wrth sôn am Ysgol Botwnnog, cofiaf Miss Anne Roberts, yr athrawes Saesneg yn fy nghywiro ryw dro pan ddywedais yn Saesneg fod rhywun yn chwysu – 'They sweated.' 'Huw Erith,' meddai'r athrawes, 'animals sweat, men perspire, ladies feel a trifle warm.'

Ond yn ôl i Tryfan. Ar ôl swper bydden ni'n mynd ati i weithio ar y cwch, a'r gaeaf hwnnw rhoed asennau, rimiau, starn, darnau o blanciau a thofftiau newydd ynddo, sef seddi ar draws y cwch. Tofft ydy'r unigol, sef *thwarts* yn Saesneg. Yna ei beintio a'i rigio yn barod i'w hwylio'r haf canlynol. Bedyddiwyd o'n *Eleri*, ar ôl fy nith, merch Myfanwy, a chefais ei hwylio ar y bae yr haf hwnnw, heb fawr o lwyddiant mae'n wir, ond roedd yn braf cael cymryd rhan.

Roeddwn erbyn hyn yn tynnu am fy mhymthegfed pen-blwydd ac roedd yn amser meddwl beth i'w wneud ar ôl gadael yr ysgol. Hon oedd y flwyddyn olaf y câi disgyblion adael yn bymtheg oed, ac er bod Mam yn daer am i mi aros am flwyddyn arall a sefyll arholiadau, gadael wnes i, y Pasg ar ôl fy mhen-blwydd.

Roedd fy ewythr Iorwerth a thri o ddynion eraill o Aberdaron, Wil Gwynant, Robert William a John Pritchard, yn gweithio mewn iard gychod yn Abersoch. Dau ohonyn nhw, Wil a Robert, yn seiri cychod, John yn beiriannydd, a Iorwerth yn gwneud rom bach o bob dim – peintio, trwsio angorion y *moorings* a gwaith gwydr ffeibr, oedd yn eitha newydd ar y pryd. Holais a oedd yna waith yno a chefais gynnig prentisiaeth fel saer cychod, ar yr amod fy mod yn mynd i goleg seiri cychod yn Woolstone ger Southampton y mis Medi canlynol. Cytunais, a byddwn yn cael mynd am 'Rabar, chwedl hwythau, yn foreol hefo'r dynion.

Pan gyrhaeddem y pentref, y gorchwyl cyntaf fyddai mynd i'r Post i mofyn papur a baco, yna i lawr y grisiau pren i'r sièd ger yr afon. Wrth fynd i lawr y grisiau deuai arogleuon hyfryd bara ffres ar yr awel o fecws Glan Dulyn i lenwi fy ffroenau. Arogleuon gwahanol oedd y tu fewn i'r sièd, coed, paent, olew llin a gwydr ffeibr yn gymysg oll i gyd ac arogl llaid a gwymon ger yr afon a ddeuai i fyny at y drws, ac i mewn ar achlysuron prin. Weithiau pan fyddai'r gwynt o'r cyfeiriad hwnnw, byddai arogl rwber o ffatri Ferodo Caernarfon i'w glywed hefyd.

O dan oruchwyliaeth Wil, tad Hywyn Gwynant, oedd yn yr un dosbarth â fi yn yr ysgol, y rhoed fi. Pan ddechreuais yno roedd ar ganol adnewyddu cwch pysgota lleol, tua phum troedfedd ar hugain o hyd, o'r enw *Silver Cloud*. Cwch wedi'i adeiladu yn y dull *carvel* oedd o – y planciau'n gorwedd yn wastad ar ei gilydd, nid fel cychod *clinker* dros ei gilydd. Y gwaith cyntaf a gefais oedd calcio, sef gwthio llinyn calcio rhwng y planciau hefo cŷn arbennig, cŷn calcio, a rhoi rhywbeth tebyg i *putty* arno wedyn. Pan âi i'r dŵr fe chwyddai a byddai'r cwch yn dal fel potel. Wedyn cefais waith yn gwneud crudau i iotiau. Gan fod y cêl yn ddwfn oddi tanyn nhw, pan ddoid â nhw i'r lan roedd angen ffrâm i'w dal ar i fyny, felly roedd angen powltio coed hefo'i gilydd yn grud a âi am yr iot, eu nofio nhw i mewn iddo neu eu gosod arno drwy ddefnyddio craen.

Ymhen ychydig cefais drwsio cychod hwylio bychain, a gwneud llafnau i'w llywiau ac ati. Byddai llawer o'r mân bethau hyn yn torri wrth rasio. Weithiau cawn fynd allan i'r angorfeydd lle roedd yr iotiau wedi'u hangori, i wneud rhyw fân waith arnyn nhw hefyd.

Roedd yna un cwsmer a gadwai ei gwch yn yr iard o'r enw Mr Nichols ond Mr Nuts roedd pawb yn ei alw gan ei fod yn berchennog ar ffatri powltiau a *nuts* rywle yn Lloegr. Un digri oedd o, a chofiaf un tro pan na wnâi peiriant ei gwch danio o gwbl. Roedd y peiriannydd yn methu â deall beth oedd yn bod gan ei fod newydd roi gwasanaeth iddo. Wedi ei archwilio cafwyd nad oedd plygiau yn y peiriant, a phan holwyd Mr Nuts amdanyn nhw, dywedodd ei fod wedi'u tynnu a'u taflu i'r môr gan fod y peiriant yn rhedeg yn well o lawer hebddyn nhw. Efallai nad y ffaith mai fo oedd piau'r ffatri honno oedd yr unig reswm am ei ffugenw erbyn meddwl.

Roedd Dewi Gilfach Llaniestyn, y diweddar ysywaeth bellach, yn gweithio yn yr iard hefyd, yn gwneud ychydig o bob dim ond y gwaith pwysicaf yn ei dyb o oedd nôl cychod gan ddefnyddio Land Rover y cwmni. Byddai'n mynd i berfeddion Lloegr i gyrchu rhyw iotiau bychain, Pandoras a Preludes i 'Rabar, a mawr fyddai ei hanesion am ei anturiaethau ar y lôn. Hen gerbyd Ford Anglia oren oedd ganddo, wedi'i addasu yn ôl trefn yr oes, fel car rali. Bydden ni ein dau'n mynd fel dau Jehu trwy'r pentref amser cinio yn yr haf, i weld be oedd yno'n dalent benywaidd a'r sŵn o'r disbyddwr yn fyddarol, ac yn siŵr o dynnu sylw aton ni. Yna ymlaen i'r lôn ger y Clwb Golff, oedd yn dyllau enfawr a'u llond o ddŵr, a chwarae rali y bydden ni yno.

Haf braf oedd hwnnw, gweithio drwy'r dydd, ac un ai i lawr yn y pentref yn mwynhau fy hun neu ar y môr gyda'r nosweithiau a'r penwythnosau. Ia, haf braf, ond mynd a wnaeth fel pob dim arall yn yr hen fyd yma. Buan iawn y daeth yn amser mynd i ffwrdd.

Tydw i ddim yn meddwl fy mod i wedi bod ar drên erioed cyn hynny, ac mae'n siŵr nad oedd gan fy rhieni ddim llawer o ffydd y byddwn yn dod i ben y daith ac yn newid trenau yn iawn ac ati. Felly aethon nhw â fi i Crewe mewn car, fel na fyddai'n rhaid newid. Âi'r trên oddi yno ar ei union i Southampton, felly roedd 'na ryw obaith y cyrhaeddwn beth bynnag. Felly ar y trên â fi hefo fy nghês a rhyw ychydig o frechdanau roedd Mam wedi'u paratoi i mi.

Tua deng mlynedd ar hugain wedyn, roedd y ddiweddar, erbyn hyn, Jane Pritchard, Safn y Pant, Uwchmynydd yn adrodd hanes ei thad, John Pritchard. Aeth i'r môr, yn dair ar ddeg oed, a'i dad yn cerdded hefo fo hyd at Ben Bryn, Llidiardau, tua hanner ffordd rhwng Aberdaron a Rhoshirwaun. Wedi cyrraedd y fan honno, trodd at ei fab a dweud, 'Dyna chdi, Jac bach, mi fyddi di'n iawn rŵan,' gan ei adael i gerdded ymlaen ar ei ben ei hun at ryw gapten llong o Langwnnadl. Aeth i'r môr hefo fo, a ddaeth o ddim adref am dair blynedd.

Doedd hi ddim mor ddrwg â hynny arna i, ond taith go unig fu honno drwy berfeddion Lloegr, Birmingham, Solihull, Banbury, Rhydychen, Reading, ac ymlaen i arfordir deheuol y wlad. Cyrhaeddais orsaf Southampton Central a chael tacsi i dŷ Mrs De Lacey, hen Wyddeles flin, a'i merch fach na chofiaf ei henw. Byddai ei gŵr yn gweithio drwy'r nos yn y dociau ac yn ei wely drwy'r dydd – i osgoi gweld ei wraig efallai. Roedd y llety yn Newlands Avenue, yn ardal Shirley o'r dref. Cofiaf orwedd ar fy ngwely mewn ystafell a rannwn hefo Nigel, o Tewkesbury, Swydd Caerloyw, a chlywed synau a chyrn y llongau'n mynd a dod, a sŵn prysurdeb y ddinas. Methwn yn lân â chysgu, gan fod hiraeth arna i am dawelwch hen wlad Llŷn a llewyrch golau Enlli. Ond Huwcyn a orfu.

Roedd yna bedwar arall yn aros yn y tŷ, Ray o Ventnor ar Ynys Wyth, Steve a Keith, dau Gymro di-Gymraeg o Ddoc Penfro, a John a oedd tua deg neu ddeuddeng mlynedd yn hŷn a weithiai shifftiau ar y rheilffordd.

Daliem y bws o waelod y lôn bob bore, a mynd trwy'r dref yn y confoi o fysiau, ceir, moto beics, beiciau cacwn a beics, a mwg sigaréts yn llenwi'r ffroenau i gyfeiliant pesychu'r teithwyr. Âi'r bws â ni hyd at afon Itchen, yno bydden ni'n neidio ar bont symudol a âi â ni dros yr afon i Woolstone, ac roedd y coleg ryw ganllath i fyny'r lôn, ger Coleg Technegol Southampton gyferbyn â'r fan lle roedd gwasanaeth hofrenfad i Ynys Wyth.

Un mis ar ddeg oedd hyd y cwrs ac roedd wedi'i rannu'n gyfnodau gwahanol. Roedd y cyfnod cyntaf ar waith coed, dysgu sut i wneud *joints* megis *mortise and tenon* a chynffon colomen, ac wedi dysgu'r rhain gwneud cist i ddal ein harfau. Cyfnodau wedyn ar wneud cychod mawr, iot goed *carvel* tua deg troedfedd ar hugain a chael gweithio ar hon. Amser wedyn ar gychod bychain *clinker* tebyg i'r hyn roeddwn wedi arfer ei wneud adre. Yna cyfnod ar waith gwydr ffeibr, oedd yn waith newydd i mi, heblaw am yr ychydig a welais yn Abersoch. Roedd hyn yn wahanol, gwaith trwsio fyddai'n cael ei wneud yn 'Rabar, ond yn y fan yma rhaid fyddai gwneud mowldiau o gychod, a gwneud cwch tu mewn i'r mowld wedyn. Dysgwyd ni sut i drwsio cychod gwydr ffeibr, o'r tu mewn ac o'r tu allan i'r cwch, ac ar ôl i ni eu trwsio byddai'r rhai oedd yn ein dysgu yn taro'r darn a drwsiwyd dair gwaith â gordd i brofi nerth y gwaith a wnaethom.

Byddem yn cael ambell i wibdaith yma ac acw o'r coleg, i sioe gychod Llundain yn Earl's Court, a chael diwrnod difyr iawn ar y *Victory*, llong Nelson yn Portsmouth. Bydden ni'n talu sylw wrth reswm ar sut roedd y llong wedi'i hadeiladu, ac un peth a gofiaf yw fod coed yn cael eu plannu flynyddoedd lawer ynghynt er mwyn adeiladu'r llongau. Gan fod angen asennau cryfion iawn, tyfid y coed ar gyfer hyn a'u rhaffu fel y tyfent a thro naturiol iddyn nhw. Wnâi stemiwr ddim plygu'r rhain.

Byddwn yn cael dod adref bob chwech wythnos, ond byddai'r hogia fyddai'n aros hefo mi, ac yn byw yn nes, yn mynd adre i fwrw'r Sul yn amlach, a byddwn ar fy mhen fy hun yn y tŷ. Gan mai dim ond rhyw chwe phunt yr wythnos o gyflog a gawn, doedd 'na fawr dros ben, ond awn i ambell gêm bêl-droed yn y Dell, cartre'r tîm lleol, neu i gerdded o gwmpas y dref ar y Sadyrnau. Byddai Mam yn anfon llythyr a chopi o'r *Cymro* bob wythnos, a byddai Nhad yn ffonio o'r ciosg pan fyddai ar ei ffordd i'r pentref ar nos Sadwrn. Roedd yn ddigon diflas yno yn ystod nosweithiau'r gaeaf, ond pan ddaeth y gwanwyn ces fynd i hwylio ar yr afonydd a threulio ambell benwythnos yn aros yn Gosport ger Portsmouth yng nghartrefi rhai o'r hogia oedd yn y coleg ac yn teithio'n ddyddiol. I gwmni mawr Vosper Thornycroft roedden nhw'n gweithio a braf fu cael mynd i aros yng nghartrefi rhai ohonyn nhw.

Roedd yna un Cymro Cymraeg, Meurig Roberts o Dregarth, yn y coleg. Prentis hefo cwmni Dickies ym Mangor oedd o, ond doedd o ddim yn yr un dosbarth â fi, a'r unig gyfle a gaem i ddefnyddio'r iaith oedd ambell amser cinio wrth rannu bwrdd. Ar ôl dod oddi yno collais gysylltiad hefo fo a welais i mohono byth wedyn.

Yn ogystal â bod yn y coleg bydden ni'n mynychu'r Coleg Technegol drws nesaf un diwrnod yr wythnos. Yno rhaid oedd dilyn cwrs City and Guilds ar astudiaethau adeiladu cychod gan ddefnyddio gwaith papur a phensel. Tua chwarter y ffordd drwy'r cwrs, daeth dyn ifanc croenddu i ymuno â ni, a rhaid dweud y synnwyd fi gan agwedd hiliol y myfyrwyr a'r athrawon tuag ato. Teimlwn nad oedd yn cael chwarae teg o gwbl ac rwy'n siŵr ei fod yn falch iawn pan ddaeth hi'n bryd iddo adael y lle.

Pan ddaeth hi'n amser gorffen y cwrs ar ddiwedd Gorffennaf daeth Mam a Nhad hefo Vaughan a Menna i'm nôl oddi yno. Os cofiaf yn iawn, y noson y daethon nhw cafodd darn helaeth o Butlins Pwllheli ei ddifrodi gan dân enfawr. Ar ôl bod yn y seremoni yn derbyn tystysgrifau ac ati aethon ni i lawr at yr afon yn y car cyn cychwyn am adref. Roedd 'na gychod yn hwylio ar yr afon, ac roedd Mam yn rhyw hepian cysgu yn sedd gefn y car. Yn Rhuthun roedd yr Eisteddfod Genedlaethol y flwyddyn honno ac roedd Alan Llwyd wedi ennill y goron ar ddechrau'r wythnos.

Roedd diddordeb mawr gan Menna ym meirniadaeth y gadair ac roedd yn chwarae hefo radio'r car i geisio clywed pwy oedd yn fuddugol. Ar y funud pan ddatgelwyd enw'r bardd buddugol, sef Alan Llwyd, am yr eilwaith yr wythnos honno, digwyddodd y radio fod ar y donfedd a'r rhif iawn. 'O,' gwaeddodd dros y lle. 'Mae o 'di ennill eto.' Deffrodd y sŵn fy mam, a dyma hi'n stwyrian, rhwbio ei llygaid, edrych ar y cychod hwyliau ar yr afon a gofyn, 'Pa'r un, pa'r un sy 'di ennill?' gan feddwl, mae'n siŵr, mai gwylio'r Rigeta yn Aberdaron roedd hi.

8

Blas ar y Diwylliant Cymraeg

DEUTHUM YN ÔL o Southampton i haf 1973 yn Aberdaron ac wrth reswm i weithio yn Abersoch. Roeddwn i'n dipyn o lawia hefo Wil y saer, yn gweithio hefo fo gydol y dydd, a phan awn i lawr i'r pentref gyda'r nos byddwn yn ei weld yno hefyd, yn sgwrsio o flaen Siop Eleri. Er mai Gwynant oedd ei gartref roedd yn byw yng Nglanaber, bron ar y traeth, yn edrych ar ôl ei fam gan ei bod mewn gwth o oedran.

Roedd ganddo gwch ym Mhorth Meudwy a rhyw ychydig o gewyll, a hefyd roedd ganddo rwydi. Ar y traeth y byddai'n bwrw'r rhwydi hyn, a'r rheiny tua deg llath ar hugain o hyd, ac yn wyth troedfedd o ddyfnder. Prynid y rhwyd heb na rhaff na chyrcs arni, ac roedd yn ganllath o hyd. Wedyn rhaid fyddai mynd ati i roi rhaff o'i chwmpas, neu ei thantio fel y dywedwn. Er mwyn sicrhau na fyddai'n nofio yn y dŵr fel rhwyd cwrt tennis, tynnid hi i mewn ddau draean fel bod cwd ynddi, ac felly, erbyn gorffen ei thantio doedd hi ond tair llath ar ddeg ar hugain o hyd. Byddai masgau'r rhwyd hefyd yn chwarae ar y llinyn tantio ac oherwydd hynny byddai'n symud yn ôl ac ymlaen hefo symudiad y môr. Hefyd rhoid cyrcs neu fwiau bychain ar hyd y darn uchaf ohoni. Wrth ei bwrw câi dau sach a thywod ynddyn nhw eu clymu ar y ddau ben, a thair carreg a hyd cyfartal rhyngddyn nhw ar hyd ei gwaelod a châi'r cwbl eu claddu yn y tywod. Câi'r rhwyd ei bwrw pan fyddai'r môr ar drai, yn enwedig pan fyddai ar drai gyda'r nos. Felly ei bwrw, dyweder am chwech o'r gloch yr hwyr, yna gadael i'r môr ddod drosti yn oriau'r tywyllwch, a mynd i'w hedrych am chwech o'r gloch fore trannoeth, wedi i'r môr dreio eto. Rhaid oedd mynd yn gynt yn yr haf, gan ei bod yn gwawrio'n fore, fore, neu byddai adar y môr neu ddyfrgwn wedi bod yn yr afael â'r pysgod. Ceid pob math o bysgod ynddi, mecryll, penwaig, mingryniaid, lledod, cŵn môr, pysgod gwynion, draenogiaid y môr ac weithiau sewin neu eog, ond wrth reswm teflid y ddau olaf yn ôl i'r môr gan ei bod yn anghyfreithlon i'w cadw!

Felly, byddwn yn mynd hefo Wil i fwrw'r rhwydi ar y traeth gyda'r nos ac yntau'n mynd i'w hedrych y bore wedyn cyn mynd i weithio, a byddai'n dweud hanes yr helfa ar y ffordd i'r gwaith. Gan ei bod fwy neu lai'n ganol Awst arna i'n dod adref o Southampton, aeth yr haf hwnnw heibio'n fuan iawn a daeth yn hydref ac yn aeaf o anghydfod diwydiannol drwy Brydain benbaladr. Dim ond am dridiau roedd yna drydan i droi'r plaen a'r lli gron fawr yn yr iard gychod, felly byddai'n rhaid gwneud y gwaith hwnnw pan fedrem. Yna yn ystod y ddau ddiwrnod arall byddai dau neu dri o generaduron yn goleuo'r siediau, a bydden ni'n gwneud y gwaith a fedrem ag arfau llaw yn y golau gwan hwnnw. Oherwydd y stad roedd y wlad ynddi ar y pryd roedd y gwaith yn prinhau, ac erbyn y Pasg doedd yna fawr ddim i'w wneud yno. Erbyn y Sulgwyn roedd yn amlwg y byddai'n rhaid diswyddo rhai o'r gweithwyr. Gan mai Dewi a minnau oedd y ddau olaf i ymuno â'r cwmni roedd yn ddigon teg mai ni ein dau gafodd ein diswyddo gyntaf.

Y dydd Llun wedi gorffen gweithio roedd yn rhaid mynd i swyddfa'r dôl ym Mhwllheli, i chwilio am waith, ac i gofrestru am fudd-dal. Roedd gwaith yn brin iawn a doedd ganddyn nhw ddim i'w gynnig i mi, felly haf digon dioglyd ges i, yn gwneud rhyw ychydig gartref, 'sgota rom bach, ambell i ddiwrnod o gario gwair yma ac acw, ond treuliais y rhan fwyaf ohono hefo rhai oedd yn yr un sefyllfa â

mi. Bydden ni un ai ar y traeth yn llygadu'r talent, yn un
o'r ddwy dafarn yn y pentref, neu yn y fynwent uwchben
y traeth yn yfed seidr neu'n cysgu yn yr haul ar ôl bod yn
yfed. Haf perffaith i awen dwy ar bymtheg oed, ond fedrai o
ddim para'n hir. Roeddwn bellach wedi pasio'r prawf gyrru
ac roedd gen i hen Morris 1000 a brynwyd yn rhywle am
bymtheg punt ar hugain, ac roedd hwnnw'n mynd â fi o le
i le.

Erbyn hyn roedd Vaughan a Menna wedi priodi, a hefyd
Mattie hefo Tudor o Drefor. Ond yn ôl at Vaughan, roedd
o a Sion, ei frawd wedi dechrau cwmni adeiladu, ac roedd
un arall, sef Huw Roberts, Tŷ Newydd, Uwchmynydd yn
gweithio iddyn nhw. Gan ei bod yn o brysur arnyn nhw ces
gynnig gwaith gan y brodyr. Adnewyddu tai ac adeiladau
ffermydd, trwsio toeau, mân waith adeiladu a hefyd
bydden nhw'n torri beddau ym mynwentydd Aberdaron,
Rhoshirwaun, Llangwnnadl, y Rhiw, Llandegwning, Sarn,
Llaniestyn, Bryncroes a Botwnnog. Hefo caib a rhaw y
bydden ni'n torri'r beddau ac roedd gwahaniaethau mawr
rhwng y mynwentydd, gan fod craig ym mynwent y Rhiw a
graean fel glan y môr yn Llandegwning.

Y lle cyntaf yr es i weithio hefo nhw oedd Heather, tŷ bach
wedi'i wneud o sinc, ar y lôn rhwng y Rhiw a Din Dywydd,
mewn safle gwych yn edrych i lawr ar draeth enfawr Porth
Neigwl. Roedd perchennog y tŷ, Huw Heather, wedi marw
ac roedd y lle wedi'i werthu i ryw bobl ddiarth. Yr orchwyl
gyntaf oedd tynnu'r hen dŷ i lawr, ac er mai o wneuthuriad
sinc a choed ydoedd, roedd wedi'i wneud yn dda a chymerodd
hynny gryn amser. Yna, bu'n rhaid clirio'r anialwch oddi yno
a gwastatáu'r safle ar gyfer tŷ newydd mawreddog a chyfoes
iawn ar y pryd. Ac yno y bûm yn gweithio am fisoedd ac yn
mynd yn ôl ac ymlaen i ambell le arall fel y codai'r gwaith
ei ben.

Tra'r oeddem yn gweithio yn Heather, daeth llawer iawn o goed newydd glân, o wahanol feintiau, hyd, lled a thrwch i'r lan ar draethau Llŷn. Gadawsom y gwaith adeiladu am ychydig ddyddiau a mynd i hel broc. Bydden ni'n cerdded y glannau'n ddyddiol ac yn cario'r coed i ben y gelltydd lle byddai lori'r brodyr yn aros i fynd â nhw i gartref da. Nid ni wrth reswm oedd yr unig rai fyddai wrthi. Na, roedd clwy broc heintus yn cerdded y fro ac mae 'na lawer o gytiau a thai wedi'u coedio hefo'r coed colledig hynny i'w gweld yn y fro.

Byddai Vaughan a Sion yn c'willa rhyw ychydig, o'r Rhuol – traeth cerrig sydd ar ben gorllewinol Porth Neigwl. Rhaid fyddai mynd o gwmpas eu cewyll cyn dod i weithio gan amlaf, codi tua hanner awr wedi pedwar er mwyn cael dod yn ôl yn barod am waith erbyn chwarter i wyth. Roedd Sion wedi bod yn gweithio ar Enlli i William Evans, Tŷ Pella am gyfnod pan oedd o'n ifanc ac wedi arfer efo cychod. Bass Boat oedd y cwch oedd ganddyn nhw yn y Rhuol, wedi'i wneud o Marine Ply, nid cwch traddodiadol.

Bydden nhw hefyd, ar brydiau, yn mynd i dynnu rhwyd hefo'r cwch, ac un diwrnod ces gynnig mynd hefo nhw y noson honno. Tua chwech o'r gloch ar noson dawel yn yr hydref roedd yna chwech ohonon ni wedi ymgynnull yn Tryfan, yn barod i fynd. Roeddwn wedi ffeirio'r hen gar am fan Morris 1000, ac roeddwn wedi'i pheintio'n biws. Rhoed y rhwyd yng nghefn y fan ac i ffwrdd â ni am y Rhuol. Ar ôl cyrraedd plygwyd y rhwyd hir â pheli plwm ar hyd ei gwaelod yn daclus ar ddarn o bren gwastad ar starn y cwch, ac aeth Sion a Huw Tŷ Newydd i'r cwch a phowliwyd o i'r môr. Taniwyd y peiriant, ac allan â nhw o'r Rhuol, mynd heibio'r darn caregog o draeth a glanio ar draeth tywod Porth Neigwl. Erbyn hyn roedd y gweddill ohonon ni wedi mynd ar hyd y lôn yn y fan i groeslon Tŷ'n Parc, ac wedi cerdded i lawr y llwybr i'r traeth. Roedd y cwch ar y lan yn y tonnau torri a'r rheiny'n sisial ar y traeth. Trowyd o nes ei fod â'i drwyn i'r môr. Gafaelodd dau o'r criw ar y lan mewn rhaffau oedd yn sownd yn un pen i'r rhwyd, dechreuodd Huw rwyfo ac fel yr aen nhw allan, gollyngai Sion y rhwyd i'r môr yn ofalus. Rhwyfodd allan am tua deugain llath, yna troi a dilyn y traeth am ychydig cyn troi yn ôl am y lan. Bellach roedd gweddill y criw ar y lan wedi mynd i'r fan lle roedd y cwch am lanio. Cydiwyd yn y rhaff ar y rhwyd a rhedeg i fyny'r traeth hefo hi, tra gwnâi'r ddau ddyn ar y pen arall yr un peth. Roedden nhw wedi gwneud hanner cylch yn y môr ac wedi tynnu'r rhwyd yn gwd i fyny'r traeth, felly anodd oedd hi i unrhyw bysgodyn oedd rhwng y rhwyd a'r lan ddianc.

Wedi ei thynnu o'r dŵr aed ar ei hyd i weld beth oedd ynddi. Cawsom nifer helaeth o bysgod o'r mathau y soniais amdanynt eisoes, cyn dod at un 'sgodyn go fawr, chwech neu saith pwys mae'n siŵr. Neidiodd un o'r criw arno yn y rhwyd o'i weld yn disgleirio ar y traeth, gan feddwl mai eog oedd o, heb sylweddoli ei gamgymeriad gan mai draenog ydoedd. Rŵan un ffordd sydd gan ddraenog o'i amddiffyn ei hun. Pan laniodd y gwron ar y pysgodyn fe'i trywanwyd, trwy ei ddillad, a rhoddodd floedd. Chafodd o fawr o dosturi gan mai gweithgarwch i'w wneud yn ddistaw ydy rhwydo. Sibrydodd rhywun, 'Taw rhag ofn i rywun 'yn clywed ni.' Doedd yr arfer, 'dach chi'n dallt, ddim yn hollol gyfreithlon. Tynnwyd y rhwyd dair neu bedair gwaith eto ar draeth Porth Neigwl, cyn tanio'r peiriant a mynd i Borth Ysgo i wneud yr un fath, yna i Draeth Aberdaron a mynd yn ôl i'r Rhuol i dynnu'r cwch i fyny tua hanner awr wedi dau. Yna yn ôl i Tryfan i rannu'r ysbail, adref i'n gwelyau tua phedwar, a chodi wedyn am saith i wynebu gwaith y dydd. Dyddiau difyr a'r hyn sy'n glynu yn fy nghof yw'r goleuadau bach,

bach yn yr ewyn oedd yn dod i'r lan hefo'r rhwyd, mordan (*marine phosphorescence*). Ni chredaf i mi erioed ei weld cyn hyn, ond wrth reswm, po dywyllaf bo'r nos, hawdda yn y byd ei weld.

Daeth pysgotwr o ardal Bodferin acw un diwrnod, a chynnig ffeirio cwch hefo mi. Roedd ganddo gwch hwylio, Swan, oedd yn hen, hen gwch ond yn llwyddiannus yn y rasys. Ni fyddai'r cwch hwn yn gorwedd ar ei ochr o dan bwysau'r gwynt fel cychod eraill, ond yn mynd trwy'r dŵr fel cwch â pheiriant arno, heb ogwyddo i'r naill ochr na'r llall. Ond nid y cwch hwn roedd o am ei ffeirio, ond cwch deuddeg troedfedd oedd ganddo'n 'sgota o Borth Ferin ac roedd arno eisiau un mwy. Gan fod ei gwch o yn un a wnaed yn lleol, gan John Thomas, Pwllwgwr, manteisiais ar y cyfle a ffeirio a wnaed. Rigiwyd o ar gyfer hwylio wedyn.

Roedd gen i ddiddordeb yn y rhwydo 'ma hefyd a byddwn yn cael mynd hefo'r criw i dynnu yn achlysurol. Mi brynais rwyd ail law ac es ati'n ddeheuig i'w bwrw ar y traeth yn Aberdaron. Roedd gofyn cael teid go lew er mwyn iddo ddod yn ddigon uchel i orchuddio'r rhwyd ac i'r môr fod yn weddol braf, neu fe wnâi'r môr ryddhau'r angorion a golchi'r rhwyd i'r lan yn ddryslyd, ac oriau o waith rhwystredig wedyn yn datod y rhwyd a hithau wedi drysu. Tywydd perffaith oedd dyddiau tawel rhewllyd neu farugog, a chofiaf fynd i'r traeth ar fore fel hyn. Awn yn syth o'm gwely, edrych beth oedd ynddi, ei chodi er mwyn iddi gael sychu gydol y dydd, a bwyta brecwast ar ôl cyrraedd yn ôl adref. Felly mynd heb damaid o fwyd, na phaned hyd yn oed. Un bore roeddwn ar y traeth, yn edrych y rhwyd a haenen o eira wedi rhewi'n gorcyn ar y tywod. Teimlais ychydig yn benysgafn ac arhosais am funud, i gael fy ngwynt ataf, gan feddwl mai effaith cwrw'r noson cynt oedd arna i. Goleuais y fflachlamp yn fy llaw a gwelais ei llewyrch yn troi fel *kaleidoscope* o flaen fy llygaid. Bu'n rhaid i mi fynd ar fy nghwrcwd gan fod arna i ofn syrthio, a bûm yno am gryn hanner awr cyn dod ata i fy hun. Gwnes fy ffordd yn araf yn ôl i'r fan, gan orfod gadael y rhwyd am y tro, ond llwyddais i fynd â'r pysgod ohoni. Mae'n debyg mai effaith yr oerni a'r diffyg bwyd a diod cynnes oedd y drwg, ac es i ddim allan ar fore oer wedyn cyn cael brecwast a phaned.

Yn y cyfnod pan oeddwn yn Southampton, yr unig gyswllt oedd gen i â'r byd diwylliannol Cymraeg oedd trwy'r hyn a ddarllenwn yn *Y Cymro* a anfonai Mam i mi. Roeddwn wedi bod â diddordeb erioed mewn barddoniaeth a chanu pop Cymraeg a Saesneg. Mynd i wrando ar y Pelydrau, Tony ac Aloma, Hogia Llandegai a rhai grwpiau lleol llai adnabyddus yn neuaddau'r fro. Yn ifanc iawn gwrandawn ar *Top Twenty* ar Radio Luxembourg hefo fy chwiorydd, rhwng deg ac un-ar-ddeg ar nos Sul. Dwi'n cofio mai yno y clywais fod Jim Reeves, ffefryn mawr gan Mam, wedi'i ladd mewn damwain awyren. O hirbell yr edmygwn y cantorion hyn ond bellach roedd grwpiau fel Edward H, Mynediad am Ddim ac Ac Eraill yn fy nenu.

Myfyriwr yn y Brifysgol ym Mangor oedd Sion Bodermud Isaf, neu Dyffar Jo fel y gelwid o yno, ac awgrymodd i Tarsan a finnau fynd yno i aros am benwythnos hefo fo ym Mangor Uchaf. Mi oeddwn i wedi cael ffugenw bellach hefyd. Dwi'n credu mai John Hughes, Sion Rhiw, un o'r selogion wrth y bar yn y Ship a'm bedyddiodd yn Sbargo, Duw a ŵyr pam, ond glynodd yr enw. Roedd Tarsan bellach yn brentis yng ngwaith Rolls Royce yn yr Amwythig, ond dôi adre i fwrw'r Sul. Felly i Fangor â ni ar y cwrw a chael hwyl fawr yn nhafarndai'r ddinas a chwmnïaeth wych.

Yng Nghricieth roedd yr Eisteddfod Genedlaethol y flwyddyn honno, a chawsom ein gwahodd i Fangor eto nos

Wener gynta'r ŵyl. Yng ngwesty'r Castell, ger y cloc, roedd noson wedi'i threfnu gan fudiad Adfer i godi arian ac i hybu aelodaeth. Mewn ystafell i fyny'r grisiau y cynhaliwyd y noson. Grŵp o'r enw y Gasgen oedd un o'r perfformwyr, a Tecwyn Ifan ifanc. Caed hefyd araith fer gan Emyr Llywelyn. Roedd Adfer un ai wedi prynu, neu roedd ar fin prynu eiddo yn Llŷn, hen ysgol y Rhiw a chapel Penycaerau, a'u hadfer oedd y cynllun.

Trannoeth aethom ein dau i Gricieth a buom yn cerdded y Maes yn ein Steddfod Genedlaethol gynta. Aethom i babell Adfer a chlywed Emyr Llew yn areithio'n danbaid eto, a Tecs yn canu, a gwnaethant gryn argraff arna i. Petawn i ddim ond wedi clywed 'Y Dref Wen' am y tro cyntaf y penwythnos hwnnw byddai wedi bod yn werth chweil, ond ces lawer mwy na hynny.

Austin 1100 oedd y car oedd gan Tarsan, a chysgon ni ein dau ynddo tan ddiwedd yr wythnos ar ôl mynychu amryfal weithgareddau. Un cyngerdd a gofiaf oedd yn hen sinema'r Palladium ym Mhwllheli, gydag amryw'n cymryd rhan, ond am ryw reswm, y grŵp Chwys a'r prif leisydd yn ei ledr du a chwip yn ei law sy'n aros yn y cof. Do, fel y dywedais, cysgon ni fel dau bathew yn yr hen gar a ddeffrodd hyd yn oed storm o fellt a tharanau mohonon ni – yn wir wydden ni ddim ei bod wedi digwydd. Dim ond pan gyrhaeddon ni adref y clywson ni am ei bodolaeth, a'r llanastr a greodd, gan fod ardaloedd ym mhen draw Llŷn wedi bod heb drydan am dridiau.

Bellach roeddwn wedi bod yn gweithio hefo Vaughan ers rhyw flwyddyn a hanner ac roedd o ac Arthur fy nghefnder wedi dechrau chwarae rygbi i dîm newydd Pwllheli. Fe berswadion nhw fi i fynd i ymarfer hefo nhw a ches ryw lond llaw o gêmau i'r ail dîm, oherwydd prinder chwaraewyr, nid oherwydd unrhyw dalent a feddwn. Na, doeddwn i fawr o chwaraewr rygbi ond mwynhawn ochr gymdeithasol y gêm gymaint â neb.

Doedd pethau ddim yn dda yn ariannol yng ngwledydd Prydain yn ystod y cyfnod hwn ac aeth yn brin am waith ar adeiladwyr yn gyffredinol. Effeithiodd y sefyllfa ar y cwmni y gweithiwn iddo hefyd, a chollais fy swydd. Yn ôl i'r swyddfa dôl ym Mhwllheli, ond doedd dim gwaith i'w gael, felly cyfnod arall o 'orffwys' ys dywed actorion. Cerdded traethau, rhwydo, hel broc môr, gwneud cewyll, unrhyw beth i ladd amser. Awn i'r Ship am gêm o pŵl ambell i brynhawn – Twm Glynne, Twm Gladstone, Inspector Shaw a Wil Safn Pant, gwŷr genhedlaeth neu ddwy yn hŷn na mi, ond cawn ambell i beint yn eu cysgod, ac aml i brynhawn difyr. Dôi ambell i ddiwrnod o waith yma ac acw hefyd, ar ffermydd, peintio a hel gwichiaid i'w gwerthu pan fyddai'r trai ar amser iawn yn y dydd. Cawn tua phum punt y cant (o bwysau) am wichiaid bryd hynny.

Ryw noson gofynnodd Wil Glyn a weithiai y tu ôl i'r bar yn Tŷ Newydd a oeddwn yn gweithio drannoeth, ac os nad oeddwn roedd wedi cael cynnig gwaith i mi. Doedd gen i ddim ar y gweill, felly es hefo fo i Fferm Hirwaun, Rhoshirwaun i baratoi'r buarth am darmacadan. Cwmni Fox o Fangor oedd yn ymgymryd â'r gwaith. Dwn i ddim sut roedd Wil wedi cael bachiad, ond roedd ganddo gysylltiadau ym mhobman. Yr orchwyl gyntaf oedd glanhau'r buarth, tra bod Peter Fox yn cario llwythi o gerrig o chwarel gyfagos Nanhoron. Daeth dau lwyth cynta'r dydd yno yn yr amser disgwyliedig, yna roedden ni'n eu taenu a'u gwastatáu, tra ei fod yntau'n dal i gario. Âi'r amser rhwng y llwythi'n hirach ac yn hirach, a lwyddon ni ddim i orffen paratoi'r buarth y diwrnod hwnnw. Amser noswyl, meddai Peter, 'Fuck it, let's go to Sarn for a pint,' a dyna fu. Ym mar y Penrhyn Arms y noswaith honno y deallon ni pam fod cymaint o amser rhwng y llwythi. Yn ôl y ferch y tu ôl i'r bar, roedd Peter Fox yn galw am ddiod neu ddau bob tro yr âi i nôl llwyth i Nanhoron, a phob tro y dôi oddi yno. Bûm yn peintio hefo Wil hefyd mewn tŷ o'r enw Cefnona, tŷ haf ar gyrion Aberdaron. Y drefn oedd, gweithio tan tua un o'r gloch, yna mynd i lawr, un ai i'r Ship neu'r Tŷ Newydd, am frechdan a pheint, ond wrth reswm nid un peint a geid. Byddai ychydig o gwsmeriaid yno, merched o Saeson yn bennaf oedd wedi symud i'r ardal. Nid âi Wil byth yn ôl i weithio cyn amser cau, oedd am dri o'r gloch pryd hynny, a Duw a ŵyr sut olwg oedd ar y peintio wedi dychwelyd oddi yno.

9

Gweithio yn Abersoch

OEDD, ROEDD GWAITH yn brin iawn yn y cyfnod hwnnw, ac oherwydd hyn sefydlwyd cynllun creu gwaith gan y llywodraeth, a gâi ei weinyddu gan y Cynghorau Sir. Ces waith am naw mis ar y cynllun hwn. Dim ond dau ohonon ni oedd yn gweithio hefo'n gilydd, Richard Jenkins yn goruchwylio, a minnau. Buon ni'n trwsio llwybrau yn Aberdesach, Trefor ac Abererch, ac yn gyfleus iawn i mi, yn malu gwaelodion concrit hen gytiau a fu ar Fynydd Mawr ers adeg y rhyfel. Torri'r concrit â gordd ac yna ei bowlio mewn berfâu i ben gallt y môr a'i ddadlwytho yno nes ei fod yn bownsio i lawr i'r môr. Bûm yn meddwl llawer wedyn faint o fywyd gwyllt a laddwyd ar waelod y môr gennym oherwydd ein difaterwch.

Os oedd yna unrhyw argyfwng, caem ein galw i gynorthwyo gweithwyr y sir, ac un achlysur felly oedd pan olchwyd olew i'r lan ar rai o draethau Llŷn. Buom wrthi am gryn wythnos hefo rhawiau yn gwahanu'r olew a'r tywod, ac yn rhoi'r gwenwyn du mewn bagiau plastig i weithwyr y Cyngor fynd â nhw i ffwrdd i'w difa. Ni chofiaf enw'r llong a fu'n gyfrifol am y llygru, ond ar draethau Porth Ceiriad, Abererch a Phorth Neigwl y bûm i'n glanhau ac yn tynnu ambell i dderyn o'r jeli du a'i roi i swyddogion y Gymdeithas Gwarchod Adar a oedd yn bresennol ar y traethau.

Wedi i'r naw mis ar y cynllun creu gwaith ddod i ben, es i swyddfa'r dôl ym Mhwllheli unwaith eto, ond doedd 'na ddim gwaith ar gael. Wedi i mi fod adref am ychydig wythnosau, gelwais yn y swyddfa ryw ddiwrnod a gweld ar un o'r cardiau ar yr hysbysfwrdd fod angen gyrrwr 'digar' ar gwmni adeiladu Humphrey Evans yn Abersoch. Holais ynglŷn â'r swydd, a'r cwestiwn cyntaf oedd, 'Fedri di ddreifio digar?' Rŵan, mi oeddwn i wedi gyrru tractorau, felly pa mor anodd a gwahanol allai gyrru digar fod? 'O medra,' meddwn. Ar y ffordd adref o'r dref y diwrnod hwnnw gelwais yn Abersoch i weld Humphrey Evans, a dywedodd mai yn achlysurol roedd yna waith ar y peiriant ac mai llafurio i'r adeiladwyr y byddwn am weddill yr amser. Cynigiodd waith am fis i weld a fedrwn drin y peiriant, ar gyflog labrwr, ac os oedd o'n hapus hefo fy ngwaith digar, cawn godiad o bum punt yr wythnos ar ôl y cyfnod penodedig hwnnw. Roeddwn i'n falch o gael gwaith, unrhyw waith, a chytunais yn y fan a'r lle, a dechrau yno ar y Llun canlynol. Y cwmni hwn oedd wedi adeiladu llawer iawn o'r tai gwyliau a godwyd yn Abersoch yn y chwedegau, ac arferai gyflogi tua deg ar hugain, ond bellach dim ond rhyw ddeg a gyflogai. Roedd gan y cwmni fantais ar bob cwmni arall, yn ôl y sôn, gan mai teulu perchennog y busnes oedd yn berchen ar lawer o'r tir adeiladu, a phan gâi'r safleoedd hyn eu gwerthu, roedd amod mai H. Evans fyddai'n cael y gwaith.

Pan ddechreuais i ar y Llun cyntaf hwnnw, ces fy anfon i Fwlchtocyn, lle roedd safle o tua ugain o dai, a'r safle bron wedi'i orffen. Dim ond rhyw fanion, a gosod tarmac ac ati oedd ar ôl i'w wneud, a dyna fuon ni'n ei wneud, gwastatáu mân gerrig yn barod am y tar. Yna ymhen rhyw ddeuddydd, dri, daeth y tar, ac fe'i rhoddwyd ar y cerrig, ei gribinio a'i rowlio. Er nad oedd gen i fawr o brofiad (heblaw am fuarth Hirwaen) o'r gwaith, roedd gweddill y gweithwyr fel petaen nhw'n gwybod beth roedden nhw'n ei wneud. Edrychai'r lle'n ddigon o ryfeddod a'r lonydd a'r llwybrau'n sgleinio'n ddu yn yr haul. Aethon ni ddim yn ôl yno am ryw wythnos, ac erbyn hyn roedd y tywydd wedi troi ac roedd yn bwrw. Wrth droi i mewn roedd pwll mawr o ddŵr ar y lôn – mae'n rhaid nad oedden ni wedi gwastatáu cystal ag y meddylien ni. Ar y lle glas ger y dŵr roedd rhyw wag wedi rhoi arwydd LAKE HUMPHREY – NO FISHING, er difyrrwch i bawb a'i gwelai, heblaw y dywededig Humphrey – ond gwelodd y jôc yn y diwedd.

Roedd gen i hen Triumph Herald coch a gwyn erbyn hyn, ac awn i lawr i'r pentref bron bob noson, ac i'r dref ar nos Sadyrnau. Byddwn yn mynd i'r Clwb Ieuenctid a gynhelid yn yr ysgol newydd, Ysgol Crud y Werin, a oedd newydd agor wedi cau hen Ysgol Deunant a'i throi'n Ganolfan a Chlwb Snwcer. Tua blwyddyn cyn i'r hen ysgol gau bu trychineb, pan foddodd y prifathro, John Morris, ac un o'r disgyblion, David Alun Jones, wedi i'r athrawon fynd â phlant yr ysgol i draeth Porthor.

Roeddwn i wedi gadael y gwaith yn Abersoch ar ôl cael un ffrae yn ormod hefo'r bòs, ac wedi cael mis o waith yn y cynhaeaf silwair a gwair ar ff[erm Gwthrian, y fferm agosaf at yr hen ysgol. Cario'r silwair o'r caeau i'r pit silwair oedd fy ngwaith i. Ieuan Williams y ffermwr fyddai'n gyrru'r peiriant a godai'r gwellt i'r trelars, a'r gwas Owen Jones, Now Plas Coch, oedd yn cadw trefn yn y pit. Roedd yn rhaid gyrru ychydig o'r ffordd rhwng y cae a'r buarth ar hyd y ffordd fawr. Gyrrwr bws y plant, Wil Tŷ'n Lon ddywedodd y newyddion erchyll wrtha i, yno ar lôn Gwthrian ar ei ffordd yn ôl i'r ysgol. Roedd yr ardal wedi'i syfrdanu gan y newyddion ac fe ddangoswyd hynny gan nifer y galarwyr a ddaeth i gynebryngau'r ddau yn y Fynwent Newydd ychydig ddyddiau wedyn. Ymddengys fod y disgybl wedi mynd yn sownd rhwng y creigiau wrth ymdrochi yn y môr, a bod y prifathro wedi ceisio ei gynorthwyo a boddodd y ddau. Dyma'r englyn i'r prifathro gan Alan Llwyd:

Ym Mhorthor y merthyron – y merthyr
  Mwya'i werth o ddigon,
  A hir fawrha y fro hon
  Ŵr dewr o Aberdaron.

Fel y deudais, byddwn yn mynd i'r clwb ieuenctid, a'r dynfa fwyaf yno oedd un o'r genod lleol. Roedd hi wedi dal fy llygad pan oedd hi'n gweithio yn y ciosg hufen iâ ar Ben yr Odyn, gydol yr haf.

Hefo'i gwên hawddgar a'i gwallt hir, melyn, roedd yn fy hudo. Elen oedd ei henw ac roedd wedi gwneud ei marc arnaf yn llythrennol hefyd yn barod. Gwerthai *slush* yn ogystal â hufen iâ yn y ciosg, ac wrth gwrs roedd gwelltyn a thwll mwy nag arfer ynddo i sugno'r hylif rhewllyd. Mae'n rhaid 'mod i wedi gwneud neu ddweud rhywbeth nad oedd at ei bodd, a rhoddodd ei llaw yn erbyn gwaelod y cwpan *slush* a'i wthio, wrth i mi geisio ei yfed. Rŵan roedd y gwelltyn caled yn fy safn, a bachodd ei flaen yn y croen ar ran uchaf fy ngheg, a chrafu hyd at y gwaed. Nid y ffordd orau i ddod i nabod rhywun yn well, ond er gwaetha'i thriniaeth giaidd ohonof rwy'n greadur maddeugar, a dyna ddigwyddodd. Bydden ni'n gweld ein gilydd unwaith neu ddwywaith yr wythnos, un ai yn y clwb neu mewn rhyw weithgaredd a oedd yn gysylltiedig ag o, neu byddwn yn ei gweld ar y lôn rhwng ei chartref, Plas Minffordd a fferm Anelog, lle byddai'n helpu'r ffermwraig ar Sadyrnau, a chael marchogaeth ei cheffylau.

Cawson ni ychydig o ddyddiau o eira y gaeaf hwnnw, a doedd dim posib mynd i'r gwaith nac i'r plant fynd i'r ysgolion. Roeddwn erbyn hyn yn ôl hefo H. Evans ar ôl gorffen yn y cynhaeaf yng Ngwthrian, y ddau ohonon ni wedi maddau i'n gilydd gan fy mod i angen y gwaith ac yntau angen gweithwyr. Os na fedrwn fynd i weithio, medrwn fynd i'r pentref ac aeth 'na griw ohonon ni, am ryw reswm, i chwarae yn yr eira ym Mhorthor, llond dau gar. Wedi rhynnu yn y fan honno, aethon ni 'nôl am Aberdaron, a finnau'n gyrru'r hen Triumph Herald, a'r to clwt yn agored. Wrth gychwyn o Borthor, safai rhai o'r hogia a lluchio peli eira aton ni, wrth i'r hen gar lithro o naill ochr y lôn i'r llall, ac Elen wrth fy ochr. Roeddwn wedi cael ambell i berthynas fyrhoedlog cyn hynny, ambell i long yn mynd heibio yn y nos, y prynhawn neu'n wir yn oriau mân y bore, ond parodd hon yn hwy, am ychydig fisoedd, cyn i ni'n dau fynd ein ffyrdd ein hunain, am ba reswm bynnag. Felly gweithio yn Abersoch a mwynhau fy hun oedd fy hanes, mewn eisteddfodau, cyngherddau, gêmau rygbi, tafarndai ac ati – rhyw fywyd fel yna oedd hi.

Yn yr oes honno byddai'r tafarndai yn Nwyfor yn cau ar y Sul, felly weithiau aem i Bwllheli, lle roedd yna glybiau'n agored. Neu yn yr haf caem ryw gyfaill tu ôl i far un o'r tafarndai lleol i lenwi poteli hanner galwyn â chwrw a mynd un ai i Fynydd Mawr neu i Borthor i'w yfed yn yr awyr agored. Bydden ni'n gwneud tân ar y traeth weithiau. Ffordd arall o gael diod yn nyddiau'r *prohibition* oedd Siop Pen Cwm. Byddai Llywelyn Hughes ar agor ar y Sul yn yr haf, ac roedd yn gwerthu seidr, yn groes i'r gyfraith mae'n debyg. Aeth dau ohonon ni yno un Sul a gofyn, 'Sgin ti seidar, Llew?' Dyn pwyllog â thueddiad i ail adrodd yr hyn a ddywedwyd wrtho oedd o. 'Seidar? Oes, faint gymerwch chi hogia?' 'Tyd ag wyth.' 'Wyth!' medda fo, a chaed wyth fflagon a gwacáu stoc y siop o'r ddiod am y tro.

Un nos Sul roedd 'na tua wyth ohonon ni'n eistedd, un ai mewn ceir, neu ar y lle glas ger y Gerddi – y caeau sydd ym Mynydd Mawr, ac roedd ar bignos. Sylwodd rhywun fod yna olau'n fflachio allan yn y Swnt, ac roedd 'na olau arall yn fflachio yn ôl arno o'r lan, ar y graig ger Pared Llech Melyn. Wrth i ni wylio daeth y golau ar y môr yn nes at y lan a glanio. 'Smyglars,' meddai un ohonon ni. Roedd yr adrenalin a'r ddiod yn cymysgu rŵan ac awgrymwyd, 'Be am gau lôn Cae Crin?' sef lôn fechan las sy'n arwain o'r lôn darmac i lawr i fwthyn Cae Crin, y tŷ agosaf at y Swnt.

Neidiwyd i mewn i'r ddau gar – wrth reswm doedd yr un o'r ddau yrrwr ddim wedi cyffwrdd â dropyn – ac i ffwrdd â ni am lôn Cae Crin. Roedd y brwdfrydedd a deimlem pan welwyd y golau gyntaf, bellach yn pylu, a doedden ni ddim yn siŵr beth i'w wneud. Ond rhoed y ddau gar ar draws y lôn, ac ynddyn nhw buon ni'n eistedd tan daeth cerbyd i fyny aton ni a gwelodd y gyrrwr na fedrai fynd heibio, felly stopiodd y cerbyd. Mi eisteddon ni yno am ryw dri chwarter awr yn disgwyl i rywun ddod o'r cerbyd a gofyn i ni symud, ond ddaeth neb, a fedren ni ddim mynd i ofyn iddyn nhw be roedden nhw'n ei wneud yno. Mae'n debyg mai nhw oedd galla ac wedi i ni flino aros yno, symudon ni'r ceir. Aeth y cerbyd heibio i ni'n araf, araf, gan ymddwyn fel pe na bai gan neb a oedd ynddo boen yn y byd. Eto i gyd rwy'n grediniol hyd heddiw mai ar ryw berwyl drwg roedden nhw neu bydden nhw wedi gofyn i ni symud i wneud lle iddyn nhw fynd heibio.

Roedd oes yr hen Triumph Herald wedi dod i ben a phrynais Hillman Imp glas, un taclus iawn, iawn heb lawer o filltiroedd ar y cloc. Es i'w nôl wrth ddod adref o'r gwaith. Roedd o'n mynd fel wennol, ac ar ôl swper es i ag o allan i roi tro go iawn iddo. Hanner ffordd ar hyd lôn Gwthrian, heb rybudd, dyma'r peiriant yn marw. Tydw i fawr o foi hefo peiriannau, ond fe daniodd ymhen hir a hwyr, ar ôl i'r peiriant oeri, a dyna fu ei hanes tra y bu gen i. Ches i ddim ond helynt hefo fo. Y car salaf fu gen i erioed. A phan ddaeth rhywun acw eisiau ei brynu er mwyn cael darnau sbâr, wnes i ddim meddwl ddwywaith. Er cael colled ariannol roeddwn yn falch iawn o'i weld yn mynd dros Bencwm bach.

Wedi bod ar y cwrw ryw noson ces lifft adre gan Arfon Tŷ

Newydd oedd yn byw tua chwarter milltir ymhellach na fi, yn y Mini bach melyn. Tua hanner ffordd rhwng y pentref ac adref aeth y car yn sych o betrol. Roedd o eisiau'r car adref yn y bore, felly cyn oes y ffôn ar y lôn, cerddodd i'r ciosg a gofyn i'w dad a ddôi â phetrol iddo. Arhosais yn y car nes daeth y ddau hefo rhyw lond ecob o'r hylif, a rhoed o yn y car, a'r ddau'n dadlau. Doedd 'na fawr o dempar ar Huw, ei dad. Taniodd y Mini bach ac i ffwrdd â ni, heibio i gapel Horeb, Pencwm, Capel Uwchmynydd i lawr yr allt heibio Brynchwilog, Cae Hen a Stelig Fawr. Ond ar yr allt ger Hen Gapel a Bryn Sim dyma fo'n sych o betrol unwaith eto. Roedd Huw wedi mynd adref o'n blaenau, ac aeth Arfon ar ei ôl ar drên ddau. Arhosais i yn y car ac erbyn i'r ddau ddychwelyd roeddwn i'n cysgu'n sownd, a'r cwbl a glywais oedd ambell i reg. Er, mae gen i gof o ryw how ddeffro a'r ddau'n gwthio'r Mini i fyny'r allt gan fy namio i am fy mod yn cysgu yn y sedd flaen, yn trymhau'r car ac yn llestair iddyn nhw. Daethon nhw i ben â'r gwthio a gadael y cerbyd mewn lle llydan ger Pen Bryn Bach. Mae'n rhaid nad oedd 'na fwy o betrol yn Nhŷ Newydd. Gadawyd finnau yno hefyd, yn cysgu fel baban. Rywdro yn yr oriau mân deffroais. Cyfuniad o oerni a'r glaw a fwriai i mewn drwy'r ffenestr agored a'm deffrodd; es allan o'r cerbyd yn crynu, ac ymlwybro tuag adref a gwely cynnes. Dydd Sul oedd hi, a Mam yn gweiddi fod cinio'n barod oedd y peth nesaf glywais i. Codais a bwyta rhyw damaid o fwyd, yna daeth rhyw gyfaill acw ac es hefo fo i Bwllheli am un o'r clybiau bach. Ni chaed fawr o hwyl ar y cwrw y Sul hwnnw gan nad oeddwn yn teimlo'n dda o gwbl, a bachais y lifft gyntaf a fedrwn am adref. Chysgais i fawr y noson honno, ac roeddwn yn lafar o chwys drwy'r nos a chwip o gur yn fy mhen. Roeddwn yn gwla a bu'n rhaid mynd i Fotwnnog i Feddygfa Rhydbach at y meddyg. Fu hwnnw fawr o dro'n canfod be oedd yn bod arnaf – *pleurisy*, sef dŵr ar yr ysgyfaint, wedi'i achosi, mae'n debyg gan fy mod wedi rhynnu yn y cerbyd melyn. Fûm i erioed, cynt nac wedyn mor wael, a bûm yn fy ngwely am bythefnos, yn chwysu ac yn wan fel pluen, heb awydd bwyd o gwbl, dim ond diod. Cyn pen hir a hwyr fe wnaeth y moddion ges i gan y meddyg fy ngwella, a dechreuais gryfhau yn ara deg. Dwi'n cofio cerdded o'm cartref i Bwll Brynllwyn, tua thri chan llath. Mi gwnes hi yno yn o ddi-lol, ond pan drois yn ôl meddyliais yn wir nad oeddwn yn ddigon cryf i roi un droed o flaen y llall, ac araf iawn fu'r daith fer tua thre. Bûm adref o'm gwaith am dri mis, ond llwyddais i gryfhau a dod drosti ac roeddwn yn falch iawn o gael mynd yn ôl i Abersoch a rhoi fy nhrwyn yn ôl ar y maen, a daeth bywyd yn raddol yn ôl i'r hyn oedd o cyn y salwch.

Ni fûm yn gweithio gyda chwmni H. Evans yn hir wedi hyn achos ces waith hefo cwmni arall o Abersoch a oedd yn arbenigo mewn chwistrellu deunydd atal lleithder ym muriau tai ac yn trin coed rhag pydredd ac aflwydd cyffelyb. Roedd cryn drafeilio yn gysylltiedig â'r swydd hon, a gallem fod yn Sir Fôn heddiw, Dyffryn Conwy fory ac weithiau ymhellach. Buom yn gweithio yng Ngholeg y Bala am fisoedd, trwy un hydref a gaeaf. Hen fan Volkswagen oedd gynnon ni gan amlaf, ac roedden ni'n methu deall pam roedd y peiriant yn troi gymaint yn gyflymach nag arfer pan oedden ni ar daith adref o'r gwaith hanner ffordd rhwng Trawsfynydd a'r Bala. Âi yn iawn wrth deithio o Abersoch i'r Traws yn y bore, ac wrth gychwyn am adref. Aed â hi i garej ond ni chanfuwyd dim byd arni. Yn y diwedd daethom i ddeall beth oedd y broblem. Gan mai yng nghefn y fan roedd y peiriant, roedd y weiran a gysylltai'r sbardun â'r *carburettor* yn ymestyn bron ar hyd y fan oddi tani. Felly pan fydden ni ar y lôn hon ar dywydd oer, rhewai'r weiran tu fewn i'w châs a fyddai'r fan ddim yn arafu wrth godi'r droed dde.

Roedd 'na dîm Gwylwyr y Glannau, neu LSA (Life Saving Association) fel y gelwid hwy erstalwm, yn Aberdaron, ac mae'n dal yno heddiw. Erbyn dechrau'r wythdegau roedd y tîm yn cynnwys fy nhad, Robin ei frawd, John Pritchard, Cledwyn Glanfa, Gito Cae Mur, Gito Pen Maes, Gwilym Garreg Fawr, Henry David, Wil Ty'n Lôn a Bob Safn Pant, o dan ofal Eddie Roberts, Solfach, ac wedi bod wrthi ers blynyddoedd ac wedi heneiddio. Soniodd fy nhad ei fod am roi'r gorau iddi, a gofyn oedd gen i ffansi ymuno â'r tîm yn ei le, a dyna a fu. Yn ystod yr oes honno roedden nhw'n dal i ddefnyddio *breeches buoy* i gael pobl i'r lan oddi ar longau a oedd yn ddigon agos i danio roced atyn nhw er mwyn rhoi rhaff i gysylltu'r llongau â'r lan. Wedi cael rhaff i'w lle medrid rhedeg y *breeches buoy* sydd fel *lifebelt* ond ei bod yn bosib eistedd ynddo, yn ôl ac ymlaen i dir sych.

Byddai cystadleuaeth flynyddol rhwng timau'r ardal, Abersoch, Cricieth, Porthdinllaen, Llandwrog ac Aberdaron, a bydden ni'n ymarfer am wythnosau ar ei chyfer. Newydd ymaelodi â'r tîm roeddwn i ac yn ymarfer hefo gweddill y tîm ar gae fferm Solfach. Daeth gair fod 'na gwch wedi troi yng nghyrion Enlli a bod un ar goll oddi ar y cwch. Roedd hofrennydd o'r Fali ar ei ffordd ac roedd am alw hefo ni yn Solfach i fynd â ni i'r ynys i chwilio am y truan oedd yn y dŵr. Glaniodd ar y cae ac aeth rhai ohonon ni i mewn iddi a chychwyn dros y Swnt. Doeddwn i erioed wedi hedfan o'r blaen. Pan oedden ni tua hanner ffordd drosodd daeth gair fod corff wedi cael ei ganfod ar yr ynys. Aeth yr hofrennydd â ni yn ôl i'r cae, ond sôn am antur a hynny ar un o'r troeon cyntaf i mi fod hefo'r tîm. Ers y digwyddiad hwnnw rwy wedi bod mewn hofrennydd lawer gwaith, wedi cael fy nghodi o'r môr i mewn i un unwaith ac wedi fy ngollwng oddi ar un nifer o weithiau. Rwyf hefyd wedi paratoi llecyn i hofrenyddion lanio mewn amryw o lefydd gwahanol, ddydd a nos ac wedi tanio mwg coch er mwyn i'r criw weld ffordd mae'r gwynt yn chwythu. Ces y profiad o gyfarwyddo ar radio oddi ar y tir, tra bod y criw, un ai'n chwilio neu'n gollwng parafeddyg ar dir i gynorthwyo rhywun anffortunus, neu i godi rhywun o'r môr, neu oddi ar graig cyn mynd â nhw, pan fyddai angen, i Ysbyty Gwynedd. Yn raddol gadawodd yr hen griw y tîm a chymerais innau drosodd fel arweinydd, a bellach mae hi bron yn amser i minnau wneud lle i'm gwell er mwyn cael arweinydd iau ar y tîm.

Pan ddechreuais i hefo'r tîm doedd gynnon ni ddim hyd yn oed cerbyd i gario'r cyfarpar a bydden ni'n defnyddio fan un o'r aelodau. Erbyn hyn mae gynnon ni gerbyd 4x4, trelar, *pagers* i'n galw pan fo'n hangen a chyfarpar gwell ac ysgafnach nag oedd ar gael yn y dyddiau hynny. Ac wrth reswm mae hyn yn hwyluso ein gwaith ar yr arfordir.

10

Dod i Nabod Elen a'i Theulu

ROEDDWN YN DAL i weithio i'r cwmni oedd â'i weithdy rhwng Abersoch a Llanengan. Roedd modryb y perchennog, Woms, fel y gelwid hi, yn greadures ddigon od, a byddai hi o'n cwmpas ni'r gweithwyr yn gyson. Âi i lawr i'r siop yn Llanengan, a chwarae teg iddi, byddai'n nôl negeseuon i'r hogia. Gofynnodd i un o'r gweithwyr un bore a oedd arno eisiau rhywbeth o'r siop. Atebodd y byddai'n cymryd porc pei a rhoddodd arian iddi, gan ychwanegu 'Os nad oes 'na borc pei yno tyd â rhwbath arall'. Daeth Woms yn ôl ymhen tipyn â'i neges yn ei bag siopa. Estynnodd i'r bag a thynnu ugain o sigaréts i'r dyn.

'Be 'di'r rhain?' meddai wrthi.

'Sigaréts,' atebodd hithau.

'Ond porc pei o'n i isho.'

'Doedd 'na'm un yno, a gan i ti ddeud wrtha i am ddŵad â rhwbath arall os nad oedd 'na borc pei, mi ddois i â sigaréts i ti.'

'Ond... ond...'

Ofer fu ei gwyno. Doedd Woms ddim yn meddwl ei bod wedi gwneud dim o'i le, a doedd y gweithiwr druan ddim hyd yn oed yn ysmygu!

Cafodd y cwmni waith yn trin ac adnewyddu coed ar hen Ffermdy Cwrt, Uwchmynydd, lle'r arferid cynnal llys troseddol yn yr hen ddyddiau. Rhwng y ffermdy a'r môr mae 'na gae o'r enw Bryn y Crogbren sy'n weladwy o bob man yn y plwyf, fel y gellid gweld drwgweithredwyr yn cael eu cosbi.

Roeddwn yn gweithio yno ar fy mhen fy hun, ac i dorri ar y diwrnod es i westy Tŷ Newydd am ginio. Yn annisgwyl i mi, yr eneth oedd yn gweini'r bwyd yno oedd Elen. Cawsom sgwrs ac arweiniodd un peth at y llall a sylweddoli pa mor wir oedd yr hen ddihareb am 'gynnau tân ar hen aelwyd'. Nid hwn oedd yr unig dro i mi alw am ginio yn y dafarn ger y môr tra bûm yn gweithio yn Ffermdy Cwrt. Ar ôl y diwrnod cyntaf hwnnw, gelwais am damaid (o fwyd) lawer tro, a cheisio ymestyn y gwaith yn y ffermdy cyhyd ag y medrwn.

Cawsom gyfle i dreulio'r gwanwyn a'r haf hefo'n gilydd – dim byd mawr ond bod pob munud a fedrem gyda'n gilydd yn gwneud pethau syml – mynd i Enlli, i ffeiriau, cymdeithasu – yn hapus yng nghwmni ein gilydd. Yn ogystal â fi, roedd 'na un creadur arall yn mynnu cael ei sylw, sef Gelert ei chi Labrador / mwngral du. O edrych yn ôl dwi'n siŵr ei fod yn cael mwy o sylw na fi, ac ar y dechrau doedd ganddo fawr o feddwl ohona i a byddai'n cyfarth ac yn fy mygwth pan fyddwn yn mynd yn agos ato. Ond ymhen y rhawg daethon ni'n gyfeillion ac fe fyddai Gelert yn eistedd ar sedd flaen fy nghar pan aem am dro i'r traeth neu i rywle lle câi ymestyn ei goesau. Byddwn yn ei danfon hi adref ac wedyn yn cerdded adref fy hun o'r dafarn. Roedd Elen bellach yn magu mân esgyrn ac un noson arbennig gofynnais iddi fy mhriodi. Cyn iddi ateb, teimlwn rywbeth ar fy mhen, ystlum yn sownd yn fy ngwallt, a oedd bryd hynny'n cyrraedd at fy ysgwyddau. Roedd wedi drysu yn y cudynnau, ond gafaelais ynddo a llwyddo i'w ryddhau. Hedfanodd i ffwrdd, fel y bu bron i minnau wneud pan atebodd Elen fy nghwestiwn. Teimlwn fy mod droedfeddi uwchben y lôn ar fy ffordd adref.

Os oedd 'na briodi i fod roedd yn rhaid gwneud trefniadau ac aed i weld y Deon Gwlad, Robert Williams Llangwnnadl a chael dyddiad sef 26 Medi, yn Eglwys

Hywyn Sant, Aberdaron. Gadawyd popeth, o ochr yr eglwys, yn ei ddwylo ef. Wrth gwrs roedd yn rhaid galw gostegion, ond ymhen ychydig wythnosau dywedodd Mary Roberts, warden yr eglwys, nad oedd y person wedi gwneud hynny – roedd wedi anghofio. Felly bu'n rhaid mynd i chwilio am drwydded gan y Cofrestrydd Sir. Doed i ben â hyn a threfnwyd y neithior yn y Ship. Gwnaed bwyd gan deulu a chyfeillion, cafwyd yr ystafell yn rhad ac am ddim gan Peter Hughes, a gweithiodd Enid Angorfa y tu ôl i'r bar am ddim i ni. Na, doedd hi ddim yn briodas ddrud. Wedi cael diwrnod wrth ein boddau aethon ni ymlaen i Tŷ Newydd, Sarn i ddathlu cyn noswylio.

Yn y garafán a osodai Mam i ymwelwyr y buom yn byw am ychydig wythnosau, ond roedden ni wedi cynnig am hen ysgol y Rhiw a oedd wedi'i haddasu'n ddau dŷ annedd gan gwmni Adfer. Es i gyfweliad yng ngwesty'r Castell, ar Stryd Fawr Pwllheli. Yr unig un a gofiaf yn cyfweld oedd Ieuan Wyn, sydd bellach ers blynyddoedd yn brifardd ac yn byw ym Methesda. Mae'n rhaid fy mod wedi gwneud argraff go lew ar y panel gan i ni gael gair ymhen rhyw ddeuddydd neu dri yn ein hysbysu ein bod wedi cael rhif 1 Tai'r Ysgol, ar rent o bymtheg punt yr wythnos, a symudon ni yno cyn gynted â phosib.

Roedd John, tad Elen yn gweithio fel swyddog diogelwch yn yr orsaf radar sydd ar ben Clip y Gylfinir ar Fynydd Rhiw, a byddai'n galw acw bron bob tro yr âi heibio. Mab Nel a Griffith Evans, Tan y Fron, Anelog y soniais amdanyn nhw yn y bennod gyntaf, oedd John ac roedd yn briod ag Anwen, a hanai o ardal Tyddyn Siôn ger y Ffôr. Roedd wyth o blant ym Mhlas Minffordd, Myfanwy, Elwyn, Gwen, Elen, Gwilym, Mair, Ann a Dafydd, ac Elen oedd y pedwerydd i briodi, ar ôl y tri hynaf.

Cysylltiad arall rhwng ein dau deulu oedd fod 'na

dirlithriad wedi bod yn 1935 yn chwarel cerrig gwenithfaen Trwyn Dwmi fel y gelwir hi yn lleol, a bod Robert Evans, Dynfra, hen daid Elen, wedi'i gladdu yn y danchwa. Yn gweithio hefo fo, ac un a anafwyd yn y digwyddiad oedd Hugh Erith Williams. Dyma'r hanes a gafwyd mewn papur newydd, ar 5 Rhagfyr 1935:

> Bore Iau diwethaf brawychwyd yr ardal gan y newydd fod damwain erchyll wedi digwydd yn chwarel Porth y Pistyll, Aberdaron. Syrthiodd cannoedd o dunelli o graig a rwbel ar Robert Evans, Dynfra a'i gladdu droedfeddi o'r golwg, a'i ladd yn y fan.
>
> Gweithiai ar y pryd hefo'i fab, Griffith Evans, ar fath o astell ar wyneb y graig, pan sylwon nhw ar ychydig o rwbel yn disgyn. Aeth y mab i hysbysu rheolwr y gwaith, a phan oedd yn dychwelyd clywodd y tir yn rhoi oddi tano, medrodd neidio yn glir ei hun, ond gwelodd ei dad yn cael ei gladdu o'r golwg.
>
> **Dihangfa Bachgen**
> Roedd Hugh Erith Williams, Brynchwilog, bachgen ieuanc pymtheg oed, yn gweithio fel prentis gof ar blatfform yn is i lawr ar y graig na Robert Evans, a chafodd yntau ei orchuddio â rwbel a phridd, ond llwyddwyd i'w dynnu ef yn rhydd ar unwaith. Nid anafwyd ef yn dost ond bu gorfod iddo fynd i'w wely yn dioddef yn drwm oddi wrth sioc. Roedd yn ddigwyddiad erchyll iawn i fachgen ieuanc newydd adael yr ysgol ac yn cychwyn ar ei yrfa. Bu yn ffodus iawn i ddianc heb ddigwydd gwaeth iddo.
>
> **Golygfa Dorcalonnus**
> Arhosodd Dr Bellamy, Botwnnog, trwy y nos gerllaw i'r chwarel, ond nid oedd neb yn disgwyl cael yr ymadawedig yn fyw. Golygfa dorcalonnus oedd gweld y tri mab, Griffith, Evan a John yn chwilio gyda'u cyd-weithwyr eraill am gorff eu tad. Roedd tua deg ar hugain o ddynion yn gweithio drwy'r nos mewn perygl mawr wrth oleuni lampau a fflachlampau, nes gweld ei draed, tua hanner nos, nos Iau. Cymerodd iddynt tua chwe awr i ryddhau y corff a chlirio digon i gael y corff

yn rhydd, roedd wedi'i falurio'n ddifrifol. Gwaith anodd iawn wedyn oedd ei gael i fyny i swyddfa'r chwarel gan fod y llwybyr yn enbyd erbyn hyn, roedd tuag ugain troedfedd o greigiau a rwbel ar gefn yr ymadawedig.

Gellir dychmygu mor anodd a pheryglus oedd ceisio cael hyd i'r corff gan fod y chwarel uwch ben y môr, ac roedd Robert Evans a'i fab yn y gorchwyl o adeiladu doc newydd pan ddigwyddodd y ddamwain. Gweithient ar fath o silffoedd yn y graig yn gwneud 'Landing Stage' newydd. Gelwir y chwarel yn Trwyn Dwmi yn lleol, yr hen enw arni oedd Bodermid. Mae fferm Bodermid Isaf gerllaw. Roedd y mab ieuengaf, John, yn gannwyll llygaid ei dad, a theimlai ef i'r byw gan mai efe oedd yr unig un di-briod ac yn byw adra gyda'i dad. Gŵr gweddw tua 58 oed ydoedd Robert Evans, a chafodd y tri mab, sef Griffith, Evan a John a'r teulu oll gydymdeimlad dwys yn eu profedigaeth lem ac annisgwyl.

Y Cwest
Dydd Sadwrn agorodd Mr E. E. Robyns Owen, Crwner Deheubarth y Sir gwest ar gorff Robert Evans, Dynfra, Aberdaron a gyfarfu â'i ddiwedd mewn dull mor erchyll yn chwarel Porth-y-Pistyll, dydd Iau. Roedd yr Arolygydd Hughes, Pwllheli, Dr Bellamy, Botwnnog ac amryw o dystion eraill yn bresennol. Etholwyd Mr Richard Jones, Ystohelyg Fawr yn flaenor y rheithgor. Rhoed tystiolaeth fer gan Mr Griffith Evans, Tan y Fron, Anelog, y mab, a Dr Bellamy, a gohiriodd y crwner wrandawiad yr achos yn llawn tan y dydd Iau nesaf yn Neuadd Bentref Aberdaron am 2 o'r gloch.

Datganodd ei gydymdeimlad gwresocaf â'r teulu a chyd-weithwyr yr ymadawedig yn eu profedigaeth.

Bydd yr angladd (cyhoeddus) brynhawn Llun am 2 o'r gloch. Roedd yr ymadawedig yn chwarelwr hynod o fedrus, ac wedi gweithio llawer o flynyddoedd yn chwareli Dyffryn Nantlle.

Gan fod tad Elen yn gweithio drwy'r nos, yn bur aml byddai hi'n mynd adref hefo fo yn y bore, gan nad oedd 'na lawer i'w wneud yn y Rhiw, a gan nad oedd yn gallu gyrru car ar y pryd. Aeth mis Tachwedd a daeth yn Rhagfyr ac ar yr 16eg es â hi i Ysbyty Dewi Sant, Bangor a thrannoeth ganwyd Dafydd Llŷr. Ar ôl ychydig o ddyddiau yno ces fynd i nôl y ddau a dod â nhw i Blas Minffordd o dan ofal ei mam, ac yno treuliasom ein Dolig cyntaf yn bâr priod, ac yn rhieni ers ychydig ddyddiau. Yn y flwyddyn newydd aethon ni yn ôl i'r Rhiw a daeth yn amser mynd i weithio wedi'r gwyliau.

Rhyw fore Gwener yn fuan wedyn, codais fel arfer i fynd i weithio, a phan es allan gwelais fod eira wedi lluwchio ger y fynedfa i fuarth yr hen ysgol a amgylchynai'r ddau dŷ. Drwy fendith, roedd y ffordd yn glir a chan ei bod yn ddiwrnod cyflog ymdrechais i gyrraedd Abersoch. Doedd hi ddim gwerth meddwl am fynd i weithio i unlle arall, felly bûm yn gwneud rhyw fanion yn yr iard tan tua un-ar-ddeg o'r gloch. Daeth i bluo'n waeth bryd hynny a chychwynnais am adref. Rhwng Llanengan a Llangian ces ddamwain, wrth i fan BT lithro i du blaen fy nghar. Doedd 'na neb wedi brifo a doedd 'na ddim amser i fân siarad, felly ffeiriwyd enwau a chyfeiriadau. Roedd yr hen gar yn dal i bowlio, a'r eira'n gwaethygu, felly ymlaen â'r daith rhag blaen. Wrth yrru ar hyd lôn Neigwl roedd yn anodd gweld y lôn, gan fod eira mân, mân fel blawd yn cael ei droelli gan y gwynt dwyreiniol cryf. Rhwng lôn Neigwl a phentre'r Rhiw mae 'na allt hir a serth iawn, a cael a chael wnaeth yr hen Forris Marina i'w gwneud hi i'w chopa ac ymlaen i glydwch y tŷ.

Daeth Wil, fy nghymydog, oedd yn byw o dan yr unto â ni, acw yn fuan wedi i mi gyrraedd adref, i ofyn a awn i'w gynorthwyo i dynnu eira o atig ei dŷ, ac es hefo fo. Pan es i'r oruwchystafell canfûm fod eira'n chwythu rhwng llechi'r to a'r plwm yn y fali lle roedd y ddau do'n cyfarfod. Dois â sawl llond bag sbwriel du o eira i lawr yr ysgol, ac ar ôl gorffen es i atig ein tŷ ni. Roedd 'na ddwywaith cymaint yn y fan honno a doed â hwnnw i lawr hefyd. Fel y gorffennwn yn yr atig torrwyd y cyflenwad trydan. Felly yno roedden ni'n rhynnu, a dim ond un gwresogydd nwy symudol i dwymo'r tŷ, dim nwy wrth gefn, a heb fodd o gynhesu bwyd na mynd i unlle arall i chwilio am beth chwaith. Wrth gwrs roedd baban bach tua mis oed dan ein gofal. Gwnaed y gorau o'r sefyllfa a bwyta beth bynnag oedd ar gael, yn oer, ac aethom ein tri i'r gwely er mwyn cadw'n gynnes. Fore trannoeth es i ben buarth yr hen ysgol a gwelais fod y caeau'n weddol glir o eira, ond bod y ffyrdd wedi'u llenwi hyd at ben y cloddiau, felly doedd dim gobaith o gael car ar y lôn. Yn ffodus roedd siop a swyddfa bost ychydig gamau i lawr y lôn a chafodd Elsi, y bostfeistres ymwared â'i hen stoc i gyd oherwydd y tywydd eithafol. Fu drwg erioed nad oedd o'n dda i rywun. Galwodd ffermwr lleol, Harri Jones, Tŷ Croes Mawr acw y prynhawn hwnnw, i'n gwahodd i nôl faint a fynnen ni o lefrith o'i fferm, gan fod yn rhaid iddo odro'r gwartheg ond na fedrai'r lori laeth ddod i nôl y llefrith. Felly byddai'n rhaid iddo ei dywallt i lawr y draen i gyd os na fyddai'n bosib ei ddefnyddio. Cawson ni a phreswylwyr y Rhiw lefrith, beth bynnag arall roedden ni'n brin ohono.

Mater arall oedd bara. Doedd gynnon ni ddim ffôn yn y tŷ ond roedd 'na giosg ger y swyddfa bost, a threfnwyd hefo Alun Roberts, y pobydd lleol yn Aberdaron, y buaswn yn nôl cymaint ag y medrwn ei gario o fara y dydd Llun canlynol. Roedd yn rhaid cerdded yr holl ffordd i'r becws ar hyd y caeau. Es â Gelert hefo mi a byddwn yn ei daflu i lawr o ben y clawdd er mwyn gweld a oedd 'na ffos ger y clawdd yn llawn o eira neu ai cae gwastad oedd yno hyd at y clawdd. Gollwng yr hen gi druan gynta oedd yr unig ffordd i wneud yn sicr na fyddwn innau dros fy mhen yn y felltith wen.

Cyraeddasom ein dau Aberdaron a ches lond bag brown anferth o fara ffres, bag a fu'n dal blawd, a chychwynnwyd ar y daith yn ôl i fyny i'r Rhiw. Roedd yn anos ymbalfalu i fyny'r cloddiau a thros y weiars pigog â'r llwyth ar fy nghefn,

Cael smôc ar y môr

Tair Cenhedlaeth
ar *Betty* ym Mae
Aberdaron

Yr unig gwpan rigeta a enillais, o flaen siop Pen Bryn Bach

Fy nhad a minnau yn y *Betty*, dan liain

Y tri Bryn
Chwilog

Diwrnod
gwyntog
ym mhen
draw Llŷn

Hel defaid ar Fynydd Gwyddel, a fferm Gwyddel yn y cefndir

Mam a Dad yn gwneud rhaffau gwair. Hefyd yn y llun mae John Bodlondeb, John Penrhyn Mawr a Robert Jones, Tŷ'r Efail

Diwrnod ein priodas, Medi 1981

Fy mam a nhad

Llŷr a'i daid

Cai a minnau

Cian a chlamp o bysgodyn
gwyn a ddaliwyd ger Enlli

Elen a minnau ger
y winsh ym Mhorth
Meudwy

Yr hen gegin yn
Nhegfan – Taid
Plas Minffordd yn
bwydo Owain

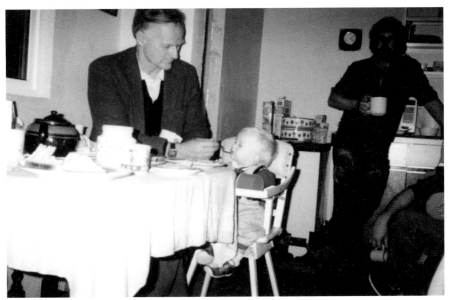

Y cychod rhwyfo

Y *Dunbrody*, yn New Ross

Owain a minnau yn hwylio yr *Eural* yn y rigeta

Ein mordaith gyntaf ar *Meg*

Gadael Enlli – Gwern yng nghefn y cwch

Ar ben Mynydd y
Graig, Rhiw

Un o'r morwyr wedi
mynd ar gefn nos

Tîm cyfredol 'Y Tir Mawr', Myrddin, Jôs, Gareth a minnau

Ceisio cael trefn ar un
o'r sioeau

Jôs a minnau yn ceisio
barddoni, Gwion hefyd
yn y llun

Lowri, Gwenda a minnau,
diwrnod recordio yn
Waunfawr

Gwion yn un o'r sioeau

Awen a Sioned yn un o'r sioeau

Mr a Mrs Sing, Huw Meillionydd ac Elen yn un o'r sioeau

'Sgota mecryll

Diwrnod o 'sgota ar y cwch, Llŷr, Cian ac Awen gyda 'steil' neilltuol i'w gwallt

Alaw Tecwyn a minnau

Begw a'i thaid

Owain a Begw

'Boy Band' cyntaf
Uwchmynydd, hefyd
a adnebir fel Hogia
Tegfan: ar y clawdd o'r
chwith i'r dde: Gwern,
Llŷr a Cai. Ar y glaswellt:
Cian, Owain a Gwion

Begw

ond yn ara deg a fesul tipyn fe gyrhaeddon ni adref. Ar ôl cael rhyw damaid o fwyd daeth yr hen gi ffyddlon hefo mi eto, er gwaetha'r ffordd roeddwn wedi'i drin, o gwmpas y tai a'r tyddynnod cyfagos i ddosbarthu'r bara i drigolion diolchgar. Doedd 'na fawr o hwyliau ar Elen gan y byddai wedi bod wrth ei bodd yn rhannu'r antur hefo'r ci a finnau, ond hefo baban cwta bum wythnos oed, rhaid oedd iddi aros yn y tŷ.

Parhaodd y sefyllfa am bron i bythefnos, ond o'r diwedd llwyddodd y peiriannau, oedd wedi bod wrthi'n ddyfal er y dydd cynta'n symud yr eira, i ddod trwodd i'r pentref o ochr Porth Neigwl. Llwyddon ninnau i'w gwneud hi i Siop Waterloo ym mhentref bach Sarn Mellteyrn i nôl ychydig o ymborth, ac wedyn aethon ni ymlaen ar hyd y lôn bost i Aberdaron i weld ein tylwyth. Wrth drafeilio ar hyd y lôn trwy ardal Rhoshirwaun roedd fel mynd trwy dwnnel, y ddwy ochr yn eira budr tua deg neu ddeuddeg troedfedd o uchder, wedi'i godi gan beiriannau. Cyrhaeddwyd cartrefi'r teulu a chlywed am eu helyntion a'u trafferthion hwythau parthed y tywydd. Ar fore cynta'r eira roedd mam a thad Elen wedi cychwyn i sioe gychod yn Earl's Court yn Llundain. Aethon nhw ddim ymhellach na phen yr allt rhwng Carreg Plas a Phorthor, tua chwarter milltir o'u cartref, a bu raid troi'n ôl er gwaetha'r siomedigaeth.

Roedd fy nhad wedi medru mynd i weithio i Sarn ond bu'n rhaid iddo fo a'i gyd-weithwyr gychwyn adref tua amser cinio. Methwyd â dod yn nes adref na Rhoshirwaun, a threuliwyd y nos, trwy garedigrwydd y teulu, yn fferm Tocia. Yr un fath oedd hi ble bynnag yr aem ac â phwy bynnag y siaradem; roedd pawb â'i hanesyn. Y postman lleol, Wil er enghraifft, bu raid iddo fo aros yng ngwesty Tŷ Newydd am ddyddiau. Ond daeth y dadmer ac aed yn ôl i fywyd arferol dydd i ddydd, er ein bod yn dal i sôn am yr 'eira mawr' hyd heddiw.

Roeddwn wedi cael llond bol ar weithio i bobl eraill bellach, a phenderfynais fynd ar fy liwt fy hun, yn gwneud rhyw rom bach o bob dim, a ch'willa ychydig wrth reswm. Bûm yn ddigon ffodus i gael gwaith barbio llwybrau a thorri gwellt dwy fynwent leol, ac ychydig o waith atgyweirio a pheintio Eglwys Newydd Aberdaron. Daeth y cwbl gan y Cyngor Cymuned lleol, a fesul tipyn daeth ychydig mwy o waith yma ac acw i gadw'r blaidd o'r drws. Ac roedd gwir angen y gwaith gan fod Elen yn feichiog unwaith eto, ac fe anwyd Cai Erith ar 26 Ionawr 1983.

Gofynnwyd i mi a awn i lafurio at yr adeiladwr oedd yn ail wneud ac yn adeiladu estyniad yn Bay View, Aberdaron, gan y perchennog, Griffith John Hughes. Cytunais a bûm yno tra parhaodd y gwaith ar y tŷ, a bûm yn ddigon ffodus i gael ychwaneg o waith gan yr adeiladwyr, Neville, Rhwngyddwyborth, Bodferin a'i frawd yng nghyfraith, y diweddar John Jones, Cae Garw, Llangwnnadl, yn achlysurol ond yn rheolaidd am flynyddoedd.

Roedd Elen bellach wedi pasio ei phrawf gyrru, er na chymerodd ato fel hwyaden at ddŵr o bell ffordd. Byddai'n ofnadwy o nerfus, nes ei bod hyd yn oed yn amharu ar ei gallu i gynhyrchu llefrith i Cai oherwydd ei bod mor ofnus y tu ôl i'r llyw. Ond efallai fod hyn gymaint i'w wneud â'r hyfforddwr a'r cyd-yrrwr sâl a gawsai, sef fi.

Er ein bod yn hapus iawn yn y tŷ ar rent, roedd braidd yn fach i deulu o bedwar, a phenderfynwyd chwilio am rywle i'w brynu – Duw a ŵyr hefo be chwaith. Clywais fod Mrs Ellen Jones a'i merch Emma, wedi symud o Tegfan, Uwchmynydd i fyw yn nes at eu teulu ger Caerau, Aberdaron. J. R. Jones, cigydd y pentre a'r Cynghorydd Sir lleol ar y pryd oedd piau'r eiddo, oedd yn dŷ bychan o dan yr unto â Tŷ Hen, ynghanol caeau, a lôn arw'n arwain ato, uwchben Porth Llanllawen.

Delfrydol.

Gelwais i weld J.R. yn ei siop i ddatgan fy niddordeb a chael mai deuddeng mil oedd pris y tŷ. Tydi deuddeng mil ddim yn swnio'n fawr o swm o ystyried prisiau gwallgo'r oes hon, ond o feddwl mai dwy bunt a hanner can ceiniog yr awr oedd fy nghyflog bryd hynny, ymddangosai'n ffortiwn i mi. Roedd hi hefyd yn oes pan oedd llogau tua phymtheg y cant ac roedd yn rhaid ystyried hyn hefo teulu bach i'w fagu.

Bagl arall oedd nad oedd 'na fawr o amser ers i mi ddechrau gweithio ar fy liwt fy hun, a chan nad oeddwn wedi bod hefo cyfrifydd, fedrwn i ddim profi maint fy enillion, a doedd gen i ddim gwarant o waith parhaol.

Ond buon ni'n trafod hefo'n gilydd hyd syrffed, a phenderfynwyd na fyddem ddim gwaeth o fynd i weld y tŷ, a ches y goriad gan y cigydd.

11

Symud i Degfan

RHYW DDYDD SUL braf oedd hi pan aethon ni ein pedwar i Degfan. Roedd hi'n sych, sych, a'r gwellt yn yr ardd yr ochr uchaf i'r tŷ, lle bydden ni'n dwyn afalau mawr cochion yn blant, wedi gordyfu ac wedi marw'n grin ar ei draed. Mae 'na lun acw o Llŷr, tua dyflwydd oed, a'r gwellt cyn daled â fo a'r un lliw â'i wallt. Roedd tir Bryn Sandar, y fferm agosaf, yn cyrraedd at y drws cefn, gardd fechan fel y deudais i ar ochr y talcen uchaf ac ychydig o dir glas o'i flaen. Y tu cefn roedd 'na hen gytiau sinc wedi'u peintio'n wyrdd. Diben y rhain oedd y gallai'r teulu fyw ynddyn nhw drwy fisoedd yr haf tra câi'r tŷ ei osod i ymwelwyr – gadael moethusrwydd (cymharol) eu cartref er mwyn ennill ychydig o bunnoedd. Roedd hi'n dda cael pob ceiniog.

Mae'n wir bod 'na dipyn o waith ar y tu mewn, ond pa ots am hynny, roedd gynnon ni ddigon o amser 'yn doedd? Felly roedden ni'n cynllunio sut i'w wella, a ninnau heb ei brynu, a heb ddwy ddima goch i rwbio yn ei gilydd. Does 'na ddim tebyg i hyder yr ifanc, 'yn nac oes?

Bûm i lawr aml i lôn nad oedd yn arwain i unlle yn chwilio am fenthyciad i brynu'r lle, ac fe'm digalonnwyd lawer tro. Yn y diwedd es at gymdeithas adeiladu ym Mhwllheli, Cymdeithas Adeiladu y Cheltenham and Gloucester, a chael sgwrs â'r rheolwr Iorwerth Williams. O leia roedd o'n dangos rhywfaint o ddiddordeb ynom, ac i dorri stori hir yn fyr cynigiodd fenthyciad o £11,250 i ni, os medrwn brofi fy enillion. Es at y cyfrifydd yn syth, a gan fy mod wedi gwneud fy nghyfrifon am y cyfnod ers pan oeddwn ar fy liwt fy hun, arwyddodd hwnnw i ddweud, yn ei dyb ef, y medrwn fforddio'r taliadau. Felly cael hyd i saith cant a hanner a digon i dalu'r cyfreithiwr oedd angen, a doed i ben â hynny.

Tuag adeg y Pasg oedd hyn ac roeddwn yn gweithio yn Tŷ Newydd, Uwchmynydd. Ceid cymorthdaliadau i ail doi hen dai bryd hynny, a dyna roedden ni'n ei wneud yno. Gwnaeth wythnos y Pasg wirioneddol braf, mor braf fel nad oedd angen crys wrth weithio ar y to, a thywynnai'r haul trwy'r wythnos. Cedwais focsys a ddaliai'r deunydd a roid rhwng coed y to i'w hynysu, sef i gadw'r gwres i mewn, ac es â nhw adref a dechrau rhoi ein mân bethau ynddyn nhw'n barod i fudo. Ac felly y buom, a'n heiddo'n barod yn y bocsys, a rhyw bethau bach yn ein dal yn ôl drwy'r haf.

Yr haf hwnnw y tarodd daeargryn nerthol Ben Llŷn. Yn Cyndyn, Anelog roeddwn yn gweithio, yn ail wneud y tŷ hefo Neville a John. Roedd 'na garafanau symudol yn y cae ger y tŷ. Cychwynnais yn ôl fy arfer tua hanner awr wedi saith o ben y Rhiw. Pan gyrhaeddais Cyndyn roeddwn yn meddwl bod pawb wedi mynd yn wallgof, gan ei bod fel ffair yno. Roedd y carafanwyr i gyd allan ar y cae yn eu dillad nos, yn gobanau, pyjamas a chotiau bore, a golwg rishlyd fel cywion gwyddau wedi colli eu mam arnyn nhw. Roedd trigolion y tŷ allan hefyd, felly pan gyrhaeddais a dod allan o'r car, doedd gen i ddim syniad beth oedd yn bod ar bawb gan na theimlais gynnwrf y tirgryniad o gwbl. Ond y nos Sul ganlynol roeddwn yn gorwedd ar y soffa yn y Rhiw pan drawodd olgryniad, a meddyliais yn wir fod y mur tu ôl i'r soffa am ddymchwel ar fy mhen, ac wrth gwrs doedd hwn yn ddim o'i gymharu â'r un mawr cyntaf. Felly hawdd iawn gweld pam roedd y bobl wedi dychryn gymaint ar y bore ysgytwol hwnnw. Gwnaeth y cryndodau ddifrod i lawer o adeiladau'r ardal, a chafodd adeiladwyr waith am fisoedd yn eu sgil. Unwaith eto, does 'na ddrwg i neb heb fod 'na...

Roedden ni bron â thorri ein boliau eisiau symud, a bron i gant y cant yn sicr fod popeth am fynd trwodd yn iawn, felly dyma fudo ar ddechrau Awst 1984, fis cyn i ni brynu'r tŷ'n swyddogol. Dwy daflod a siambr, toiled, parlwr, cegin a rhyw le golchi llestri o wneuthuriad sinc, lle doid i mewn drwy'r drws cefn, oedd 'na i'r tŷ. *Geyser* i dwymo'r dŵr a dyna ni, dim baddon na basn. Felly y gwaith cyntaf a wnaed oedd tynnu'r palis rhwng y siambr a'r toiled, ac arno groen ar groen o bapur papuro, ac ar ôl tynnu'r rhain gwelais mai shiten sinc wedi'i gwastatáu â morthwyl oedd gwneuthuriad y palis. Caed gafael ar faddon a basn ail law yn rhywle, a chodi palis newydd. Rhoed y baddon mwy i mewn yn y siambr a rhoi'r basn i mewn yn y mur gyferbyn gan ein bod wedi ein cyfyngu gan faint yr ystafell molchi. Er mwyn twymo dŵr, caed hen Rayburn a oedd yn llosgi coed a glo, a'i gosod yn y gegin a chodi corn simdde newydd. Roedd pethau'n gwella; roedd gynnon ni wres a dŵr cynnes erbyn hyn.

Yr ystafelloedd yr es i'r afael â nhw nesaf oedd y ddwy daflod. Tua llathen i mewn o'r bargod roedd 'na balisau ac roedden nhw'n dwyn lle. Pan es ati i'w tynnu gwelais mai hen gistiau te wedi'u datgymalu oedden nhw ac wedi'u hoelio i ambell bren yma ac acw. Tynnwyd y rhain a rhoed nenfwd newydd, peintio, dodrefnu a rhoi gwelyau ynddyn nhw, ac yn y siambr. Rhai syth ofnadwy oedd y grisiau a arweiniai atyn nhw, cyn sythed ag ysgol, ac mae'n siŵr mai ysgol oedd yno ar ryw oes, ond doedd dim posib gwneud dim ynghylch hynny oherwydd yr hen elyn – prinder lle.

Mi ges amser hefyd, y gaeaf cyntaf hwnnw i rigio rhyw gwch bach, deg troedfedd, yn y cwt sinc ger y tŷ, a'i gael yn barod i fwrw ychydig o gewyll hefo fo allan o Borth Llanllawen yr haf canlynol.

Mae Porth Llanllawen, fel y soniais eisoes, yn gilfach fechan, gul, rhwng Mynydd Mawr a Mynydd Anelog, yn wynebu'r gogledd. Rwy'n cofio Evan Moore, Dic Mann, Huw Moore a Huw Tŷ Newydd yn 'sgota oddi yno. Mae anawsterau ynglŷn â'r lle pan fydd y môr ar drai – mae yna hafn ddofn yng ngwaelod y traeth sy'n ei gwneud hi'n anodd rhoi cwch yn y dŵr a hefyd ei dynnu i fyny. Does dim posib cael tractor i lawr yno, felly beth wnaed, flynyddoedd yn ôl, gan Robert Jones, Tegfan a Rhisiart, Bryn Awelon, yn ôl fy nhad, oedd dod â chebl o waith Trwyn Dwmi, ar ôl i hwnnw gau. Doed ag o, chofia i ddim yn iawn sut, ond un ai ei dwyo y tu ôl i gwch, neu ei dynnu ar draws y tir, pellter o filltir dda, a beth bynnag ddwywaith y daith dros y môr. Ar ôl ei gael i Borth Llanllawen, angorwyd, yn llythrennol, gydag angor llong, un pen iddo ar un ochr i'r nant ar godiad y tir, dipyn mwy i mewn i'r tir na phen y gorllan. Yna tynhawyd o, Duw a ŵyr hefo beth yr oes honno os na ddefnyddiwyd ceffylau. Wedi ei dynhau, angorwyd y pen hwnnw fel ei fod yn cyrraedd dros y nant. Ar ei ganol rhoed bloc ac olwyn yn troi ynddo, a rhaff yn rhedeg trwy'r bloc ar yr olwyn. Clymid un pen i'r rhaff yn y cwch a gâi ei dynnu i fyny'r traeth ac ar y pen arall iddi roedd 'na bwysau yn crogi o'r bloc ac yn gymorth mawr i dynnu'r cwch. Felly gellid tynnu'r pwysau i fyny ac ail fachu yn y cwch fel dôi i fyny'r traeth. Pan dynnwyd y cebl tua deng mlynedd yn ôl, oherwydd pryderon am ei gyflwr, daeth Llŷr ag un o'r angorion adref, ac mae wrth ddrws cefn Tegfan hyd heddiw.

Gan ei bod mor anodd tynnu'r cwch, bu John fy mrawd hefo mi lawer yr haf hwnnw. Ar y lan roedd yn gaffaeliad cael dau ddyn go nobl, ond mewn cwch bychan, ac mae deg troedfedd yn fach iawn, roedd gofyn i ni symud fel petaen ni'n ddawnswyr bale, rhag ofn troi'r cwch. Yn ôl i Borth Meudwy yr es y flwyddyn ganlynol wedi mi brynu hen gwch Evan Moore, *Idwen*, gan ei fab Idwal.

Doedd gen i fawr o feddwl o'r cytiau sinc gwyrdd oedd yng nghefn y tŷ, ac es ati fesul tipyn, pan fyddai amser yn caniatáu, i dorri sylfaen tu allan i'r sinc, ei lenwi â choncrit, yna adeiladu'r muriau â blociau a rhoi to llechi arnynt. Wedyn tynnwyd y shitiau sinc ac ymhen amser gwnes gegin newydd yno ac mae'n dal yno o hyd.

Roedd pethau eraill i feddwl amdanyn nhw hefyd. Roedd Elen yn feichiog unwaith eto, a ganwyd Cian Hedd ar 2 Awst 1985 i chwyddo'r teulu bach ymhellach. Roedd yn lle delfrydol i fagu plant; caent grwydro'r caeau heb ofni cerbydau, heblaw am ambell i gar ymwelwyr yn mynd i Fodisa, y tŷ pellaf ar y lôn. Caent bicio i Frynchwilog neu at Ifor, y ffermwr ym Mryn Sandar, lle caent groeso bob amser. Byddent hefyd yn cael mynd hefo Elen i Siop Pencwm yn ddyddiol i nôl neges, a bu Llew a Jennie yn garedig iawn hefo nhw a ninnau. Roedd 'na sgwrsio a seiadu yn y siop a byddai Nhad yno ar aml i fore wedi iddo ymddeol. Dôi o a Mam, a mam a thad Elen acw yn aml hefyd ac weithiau Griffith Evans, Tan y Fron, ei thaid. Sôn am yr hen oes a wnaen nhw, a Griffiths fel y gelwid o'n gofyn i mi bob hyn a hyn, 'Wyt ti'n cofio hwn a hwn?' a oedd wedi marw flynyddoedd cyn i mi weld golau dydd erioed. Cofiaf iddyn nhw sôn am ryw hen gymeriad a arferai fyw yn Tŷ Hen, drws nesa. Owen Nathan oedd ei enw a dywedid y byddai'n dwyn glo o gwt glo Tegfan. Roedd y dyn glo yn Tegfan un diwrnod ac wedi gadael pedwar sachaid ar bwys y tŷ. Daeth yr hen Owen o rywle a gofyn i bwy bynnag oedd yn byw yn Nhegfan, ar y pryd, 'Wedi cael glo yda chi?' 'Ia,' atebodd hwnnw, 'tri i ni, ac un i chditha.'

Dwi'n siŵr mai dim ond rhyw ddwywaith, dair y bu

Griffiths acw, cap stabal am ei ben a *mouthpiece* dal sigarét yn ei geg bob amser. Bu farw yn fuan ar ôl geni Cian, yn dair a phedwar ugain oed, a chollwyd y cysylltiad teuluol â Than y Fron.

Wedi marw Griffiths gwerthwyd y tyddyn a phrynwyd o gan hipis, ac am tua dwy flynedd bu myrdd ohonyn nhw'n byw mewn gwahanol fathau o anheddau ar lain fach, gul ger lôn Anelog. Byddai'r heddlu o gwmpas yn weddol aml a ches innau fy stopio ganddyn nhw fwy nac unwaith, gan fod gen i hen fan fawr flêr, debyg iawn i gerbydau'r hipis. Bu mwy o fynd a dwad ar lôn Anelog nag y bu erioed dwi'n siŵr rhwng y drafnidiaeth i'r llain a'r bobl oedd yn mynd i fusnesu ac i weld y gwersyll anghyfreithlon hwn. Mae'n siŵr iddyn nhw fod yno am yn agos i ddwy flynedd cyn dilyn eu greddf a symud ymlaen.

Roeddwn ers pan oeddwn yn ddim o beth wedi bod â diddordeb mewn barddoniaeth, ond heb wneud dim ynghylch y peth, heblaw am ddarllen a cheisio cofio englynion a phenillion ac ati. 'Llef dros y lleiafrifoedd', Alan Llwyd a wnaeth argraff fawr arnaf, ac roeddwn wrth fy modd hefo sŵn y gynghanedd, ond heb fod yn deall digon i'w gwerthfawrogi'n iawn. Roedd Dic Goodman o Fynytho yn cynnal dosbarthiadau 'Trin a thrafod Barddoniaeth' yn Ysgol Edern. Es i a Mam, Anita Griffith o Roshirwaun, Ifor Owen, Pant y Gwril, Penygroeslon a Myfanwy Tŷ Capel, Uwchmynydd, llond car o ben draw'r byd, i'r dosbarthiadau, a chawsom hwyl garw o weld Dic yn mynd trwy ei bethau, a dysgu ychydig hefyd. Bu rhai ohonon ni'n mynychu ei ddosbarthiadau am lawer gaeaf, ac yno y dysgais ychydig am reolau'r gynghanedd am y tro cyntaf.

Roeddwn yn wrandawr cyson ar *Talwrn y Beirdd* ar y radio er ei ddechreuad yn 1979. Rhwng y rhaglen hon a *Rhwng Gŵyl a Gwaith*, tan y daeth i ben, roedd fy nos Suliau wedi'u llenwi. Dau dîm o Lŷn oedd ar y *Talwrn*, sef tîm Mynytho a ddaeth yn dîm Llŷn a thîm Llanengan, ac wrth gwrs roeddwn yn cefnogi'r timau lleol ac yn eu hedmygu am eu doniau.

Byddwn i ac Elen, a Mam hefo ni gan amlaf, yn mynd i Landudno ar ambell i ddydd Mercher, y merched yn cael diwrnod o siopa, a minnau'n treulio'r dydd yn ocsiwn Ball and Boyd, lle câi pob math o bethau eu gwerthu: dodrefn, beics, carpedi, arfau gwaith, ysgolion, nwyddau trydan ail law, a hyd yn oed ceir weithiau. Un tro prynais deledu mawr a chwpwrdd o'i gwmpas, a phan es â hi at y car, canfod ei bod hi'n rhy lydan i fynd trwy'r drws. Drwy lwc roedd 'na rac ar y cerbyd a rhwymwyd y dodrefnyn ar honno. Ar y ffordd adref dechreuodd fwrw glaw a bu raid rhoi darn o blastig drosto, a hwnnw'n curo ac yn llacio fel yr âi'r gwynt oddi tano, a chodi fel hwyl, ond mi wnes hi adref hefo'r llwyth, a bu'r teledu gynnon ni am flynyddoedd.

Wrth ddod adref o Landudno byddwn yn galw yng Nglan Conwy, yn y North Wales Boat Centre, i gael golwg ar gychod oedd ar werth yno. Un tro gelwais, a gweld Dory tair troedfedd ar ddeg o wneuthuriad gwydr ffeibr ar werth. Roeddwn wedi bod yn meddwl cael cwch cyflymach, fel y gallwn fwrw mwy o gewyll, ac edrychai hwn fel pe bai'n ateb y diben. Cwch isel oedd o, ond â mwy o le ynddo na'r cychod traddodiadol roeddwn wedi arfer â nhw. Prynais o yn y fan a'r lle am ddau gant a hanner, a daeth John, fy mrawd hefo mi i'w nôl y Sadwrn canlynol. Doedd 'na ddim peiriant arno, ond ymhen ychydig wythnosau gwelais Evinrude 35 ar werth yn y papur, yn Benllech, Sir Fôn, a phrynais honno i'w yrru.

Daeth yn gyfnod bwrw cewyll yn nechrau'r gwanwyn, ac aethon ni â'r cwch newydd i'r Borth, er doedd gan fy nhad fawr o feddwl ohono ac fe'i galwai'n 'sledj blastig' oherwydd ei ffurf a'i wneuthuriad. Roedd yn rhaid gweld sut roedd o'n mynd, a rhoed o yn y dŵr. Eisteddwn yn ei ganol i'w lywio, a chan nad oedd 'na gysgod o fath yn y byd arno, tynnai'r gwynt ddagrau o'm llygaid wrth i mi ei yrru ar gyflymder. Es â thipyn o gewyll allan a'u bwrw yn agos at y Borth. Yr unig anhawster a gawn oedd ei roi ar drelar, gan fod hwnnw'n uchel braidd, a ches anffawd pan dorrodd pen yr echel nes disgynnodd yr olwyn oddi arno ar bignos un tro ac Elen yn boenus, ac yn fy ngweld yn hwyr yn dod adref. Dywedodd wrtha i pan gyrhaeddais adref ei bod wedi trefnu fy angladd wrth ddisgwyl amdana i'r noson honno, er nad oedd 'na lawer o waith trefnu chwaith gan ei bod wedi gwneud yr orchwyl honno lawer tro cyn hynny hefyd. Ond trwsiwyd y trelar, a'r dydd Sadwrn canlynol es ar y môr gan feddwl mynd â'r cewyll a fwriwyd eisoes draw am ochr Porth Cadlan, a rhai ohonyn nhw i'r Swnt.

Llwythais y cwch â'r hyn roeddwn i'n meddwl oedd yn llwyth diogel, ac roeddwn ger Henborth yn codi'r cawell olaf cyn croesi'r bae hefo'r llwyth. Chwythai'r gwynt dwyreiniol yn weddol gryf, ond doedd hi ddim yn hegar iawn. Mae'n rhaid fy mod wedi mynd dros raff cawell rhywun arall, ac aeth i'r propelor. Doedd hyn ddim yn ddigwyddiad neilltuol, gan ei fod yn digwydd o hyd. Es ati i godi'r peiriant o'r dŵr i'w ryddhau o'i gaethiwed. Ond gan fod 'na lwyth ar y cwch, bûm ychydig yn hwy nag arfer yn cyrraedd ati. Erbyn hyn roedd y gwynt yn chwythu'r cwch am y lan, ond roedd y rhaff yn dynn ac yn ei rwystro rhag mynd, a thorrai ambell i don dros din y cwch. Llanwodd y twll sgwâr wrth ochr y peiriant ac aeth yr ochr honno'n is i'r dŵr fel roeddwn yn cyrraedd at y peiriant. Fedrwn i ddim aros yno gan fod fy mhwysau innau'n ei yrru'n is eto.

Gwyddwn ei fod am droi a ches i ddim amser ond i ddringo ar ei ochr, ac fel yr aeth drosodd es ar ei waelod. Glyg, glyg, glyg meddai'r peiriant, cyn llenwi â dŵr, boddi

a marw. Ac yno roeddwn i, yn eistedd ar waelod y cwch
â'm trugareddau cychio, tanc petrol, bwiau, bocs tŵls,
rhwyfau ac ati yn nofio o'm cwmpas ac yn ffarwelio â mi
am byth wrth adael am y Swnt hefo'r llanw. Daliai'r rhaff yn
sownd yn y peiriant, felly roedd y cwch yn aros yn ei unfan.
Wedars, welingtons a gyrhaeddai at fy ngafl a wisgwn, dim
siaced achub, fel y mwyafrif llethol o bysgotwyr ar y pryd.
Doeddwn i ddim yn gwybod beth oedd gallaf i'w wneud,
un ai aros ar waelod y cwch a rhynnu yn y fan honno, neu
geisio tynnu'r wedars a oedd yn llawn o ddŵr, a theimlwn
binnau bach yn fy nghoesau eisoes. O dynnu'r rhain efallai
y buaswn yn medru nofio i'r lan, a oedd tua dau gan llath
i ffwrdd. Dewis aros ar y cwch wnes i, gan dybio, pan âi'r
pysgotwyr eraill i'r lan, y bydden nhw'n gweld fy nhractor
a'm trelar ar y traeth, yn sylweddoli bod 'na rywbeth o'i le,
ac yn dod i chwilio amdana i. Bûm yno'n hel meddyliau am
tua dwy awr, yn meddwl weithiau am geisio nofio i'r lan gan
y byddwn yn sicr o gael hypothermia, yn wlyb at fy nghroen
yn y fan honno ar ddechrau mis Mawrth.

Ond daeth gwaredigaeth, a gwelwn yn y pellter gwch
bychan yn dod tuag ataf. Idwal, un o'r pysgotwyr oedd o,
a fûm i erioed mor falch o weld neb. Dringais i'w gwch a
cheision ni dwyo fy nghwch am y lan. Ond roedd y 'sledj
blastig' a rhai o'r llwyth cewyll yn dal yn sownd ynddo yn
ormod i'r cwch bychan. Drwy drugaredd daeth Steven
Harrison, pysgotwr arall, a chwch mwy ganddo, o'r Swnt, a
bachwyd rhaff yn ei gwch a thynnodd ei beiriant pwerus fy
nghwch i'r Borth â'i ben i lawr.

Wedi glanio trowyd o ar ei draed, petasai gan gwch draed,
ei roi ar drelar a'i dynnu i fyny. Es innau adref i newid i
ddillad sychion, cyn mynd yn ôl i'r Borth i dynnu'r peiriant
i fynd i Abersoch at beiriannydd cyn gynted â phosib i gael
gwared o'r dŵr hallt a'i adfywio.

Y noson honno es i lawr i'r pentref am beint, gan sylweddoli fy mod wedi bod yn ffodus iawn, y pinnau bach yn fy nghoesau'n dal i bigo ac yn fy atgoffa o ddigwyddiadau'r dydd. Penderfynais nad awn i fyth ar y môr yn y 'sledj' wedyn, ac es i ddim chwaith.

12

Gwylwyr y Glannau

ROEDDWN WEDI PRYNU dau gwch coed, un o'r enw *Anne* gan Huw Glandaron – cwch wedi'i wneud yn Aberdaron gan Robert John, Glan y Don. Gwnaethpwyd *Anne* o ffawydd gwyn ac roedd yn ysgafn iawn. Roeddwn wedi mynd ag o i'w gadw mewn cae ym Mhlas Minffordd ond taflwyd o gan gorwynt a'i ddifrodi. Mewn cwt sinc ym Mryn Sander roedd y llall. *Tôn* oedd ei enw – cwch un droedfedd ar ddeg a wnaed gan Wil, y saer yr arferwn weithio hefo fo. *Ton* oedd ei enw i fod, ond collwyd paent uwchben yr o, a phenderfynwyd ei newid yn acen grom yn hytrach na'i lanhau. Gan Huw Moore roeddwn wedi'i brynu, ond ar ôl ystyried, roedd braidd yn fach ar gyfer c'willa.

Galwodd y Doctor Dafydd Roberts ar y ffôn o'r Amgueddfa Lechi yn Llanberis i holi oedd gen i hanes cwch traddodiadol Aberdaron ar werth. Awgrymais iddo ddod i weld y ddau, a galwodd draw ryw fore Sul, a phrynodd nhw. Buont yn yr Amgueddfa Lechi am fisoedd, os nad blynyddoedd, ond yn y diwedd trwsiwyd *Anne* ac aed â'r ddau i'r Amgueddfa Diwydiant a Môr yng Nghaerdydd lle bûm i a'r teulu yn eu gweld yn eu cartref newydd. Yn ôl y sôn yn Abertawe mae nhw bellach.

Yna, clywais fod 'na gwch pymtheg troedfedd ar werth yn Llanbedrog ac es i gael golwg arno. Roedd yn debyg iawn i gychod Aberdaron, cwch â chynnal da ac uchder go lew o'r môr, ac er ei fod mewn cyflwr digon truenus roedd o'n rhad ac fe'i prynais.

Es ag o adref, gwneud rhyw fanion, rhoi côt o baent iddo, a mynd ag o i lawr i'r Borth, rhoi peiriant ar ei starn, ac allan â fi. Cwch braf iawn oedd o, er ei fod yn gollwng, ond fe wnaeth y tro i g'willa am yr haf hwnnw.

Roeddwn wedi bod yn chwarae â'r syniad o wneud cwch gwydr ffeibr ar ffurf draddodiadol ac mi es ati. Pan ddaeth yn amser mynd ag o adref o'r Borth, es ag o'n syth i mewn i'r cwt sinc ym Mryn Sander iddo gael sychu. Wedi iddo fod yno am ryw fis a sychu'n iawn ar ei beniwaered, llenwais y tyllau a'r brychau gwaethaf ar ei du allan, mynd trosto â phapur tywod a pheintio rhyw hylif piws arno fel na chydiai'r gwydr ffeibr yn y coed.

Ar ôl cael y defnydd gwydr ffeibr a'r hylif resin a roid arno hefo brwsh paent a rowlars, aed ati i'w roi ar y cwch. Rhoddais bedair côt arno, ac i'w gryfhau rhoi rhaffau o un ochr i'r llall bob rhyw ddwy droedfedd ar ei hyd a rhoi'r gwydr ffeibr drostynt, i'w atgyfnerthu. Ar ôl iddo galedu'n iawn aethon ni ati i dynnu'r croen newydd oddi ar y coed. Profodd hyn yn anos na'r disgwyl gan nad oedd yr hylif piws wedi gwneud ei waith neu am nad oedd y coed yn ddigon esmwyth. Gan ei fod wedi gafael mor dda yn y coed bu'n rhaid llifio ar hyd y cêl i'w gwneud yn haws i'w gwahanu.

Wedi iddyn nhw ddod oddi wrth ei gilydd a'r mowld yn ddau hanner, aed â'r hen gwch coed allan. Yna glynwyd y ddau hanner newydd yn ei gilydd, yn ôl yn un darn. Llanwyd y mân frychau yn y mowld newydd a mynd ati i wneud cwch tu mewn iddo. Cael a chael oedd hi iddo fynd i mewn i'r cwt a phan oeddwn wrthi'n gweithio arno roedd yn fain am le i gerdded o'i amgylch. Roedd cemegau yn yr hylif, a phan fyddai haul ar y sinc a hwnnw'n cynhesu'r cwt byddai *fumes* lond y lle, ond gan fy mod yn eu canol trwy'r adeg byddwn yn ymgyfarwyddo â nhw a heb sylweddoli pa mor ddrwg oeddynt. Byddai'r postman yn galw hefo mi'n feunyddiol, ac ar ôl bod yno am ryw ddeng munud byddai'n dweud, 'Huw dwi'n mynd rŵan, dwi'n mynd yn *high* yma.'

Bu'n rhaid rhoi'r gorau i'r gwaith ar y cwch am ychydig ym mis Tachwedd, oherwydd ganwyd Owain Cain ar y 19eg o'r mis hwnnw yn 1989. Un awyddus iawn i weld yr hen fyd yma oedd Owain, a daeth i'n plith chwe wythnos cyn y dylai fod wedi cyrraedd. Oherwydd hynny dim ond pum pwys roedd o'n bwyso a dioddefai o'r clwy melyn ac anhwylderau eraill, felly rhoed o'n syth i mewn yn yr Uned Gofal Dwys. Bu yno am ryw dair wythnos. Daeth Elen adref o flaen Owain a byddai'n trafaelio yn ôl ac ymlaen i Fangor i edrych amdano ac i ddanfon llefrith iddo. Dywedodd y meddygon wrthym y gallai'r trafferthion a gawsai effeithio ac amharu arno, ac efallai y bydden nhw'n llestair iddo fel y prifiai. Braf iawn cael dweud na ddigwyddodd hynny, ac mai fo ydy'r gorau o'r hogia, o ran campau a chwaraeon, ac mae'n chwarae rygbi i dîm cyntaf Pwllheli pan fydd adref o'r môr.

Wedi ei gael adref o dan ofal ei fam, ac er llawenydd i ni ein dau, dychwelais at y cwch. Daeth yn ei flaen yn dda, ac erbyn canol Ionawr roeddwn yn barod i'w dynnu o'r mowld. Cefais gyfeillion i gynorthwyo hefo'r gwahanu ond roedd y ddau groen wedi glynu yn ei gilydd a bu raid llifio'r mowld ar hyd y cêl unwaith eto, wedyn daeth allan o'r mowld fel plisgyn wy. Roeddwn i'n hapus iawn hefo'r cwch newydd anedig, ac aed ati i roi rimiau a thofftiau ac ati arno. Rhoddais y mowld wedyn i Wil Rhandir, ewythr Elen, gan ei fod o am wneud un hefyd, ac wedyn trosglwyddwyd o i Robin Plas Ffordd, ei chefnder, fel y gallai yntau gael gwneud yn yr un modd. Bu'n arbrawf digon llwyddiannus a bûm yn c'willa hefo fo am flynyddoedd, a phan wnes i ffwrdd ag o yn y diwedd prynwyd o gan Gwyn Cae Mur, mab Griffith. Bu ar y Fenai ganddo am flynyddoedd ond mae yn ôl gartref ym Mhorth Meudwy erbyn hyn, a bellach mae cwch Wil yno hefyd, ond aeth un Robin yn yfflon mewn storm enbyd ym Mhorth Ferin tua phymtheg mlynedd yn ôl. Mae Llŷr yn sôn am adeiladu un arall y gaeaf yma gan fod y mowld yn dal acw.

Byddwn yn cael gwaith gan Wylwyr y Glannau ar aml i benwythnos, ac ar nosweithiau pan fyddai'r gwynt yn cynyddu dros ryw gryfder arbennig. Hefyd pan gollid y cyflenwad trydan yng Nghaergybi, roeddwn yno i gadw sianel 16, y sianel argyfwng yn agored. Bydden nhw'n ffonio, ella am ddau neu dri o'r gloch y bore os byddai'r gwynt wedi cryfhau. Byddai'n rhaid mynd i gopa Mynydd Mawr, lle roedd y cwt Cadw Golwg. Nid oedd ynddo drydan, ond mewn cwt arall gerllaw roedd generadur i oleuo'r lle. Felly, yn y tywyllwch, gefn nos, roedd yn rhaid ceisio tanio hwnnw, ac efallai na fyddai wedi bod yn troi ers wythnosau gan na fu galw ar neb i fod yno. Mi lwyddwn weithiau ond yn amlach na pheidio fyddai dim digon o gic yn y batri i'w droi.

Roedd batri bychan yn y cwt gwylio i weithio'r radio, ac roedd gwresogydd nwy yno, ond lle digon annifyr fyddai o heb drydan. Cawn fy anfon yno pan fyddai'r gwynt yn gryf a phan fyddai hi'n dywydd echrydus, a byddai'r hen fan fawr a oedd gen i'n siglo a symud o dan bwysau'r storm ar gopa'r mynydd.

Fyddwn i ddim yn trafferth cloi'r drws gan na fyddwn bron byth yn gweld neb gydol y nos. Byddai bod yno gydol y dydd, yn arbennig ar benwythnos yn wahanol, a chawn ymwelwyr fyrdd, yn bobl leol a dieithriaid, pawb yn falch o ddod i mewn a chael cysgod ac edrych drwy'r sbienddrych mawr a oedd ar y silff ger y ffenestr. Roedd hwnnw mor drwm fel bod yn rhaid iddo fod ar *stand* ac olwynion oddi tano i hwyluso ei symud o ochr i ochr ar y silff.

Rhyw nos Wener oedd hi ac roeddwn i yno, mewn

storm ofnadwy, a gwelais lewyrch golau car yn dod i fyny'r mynydd. Doedd hyn ddim yn anghyffredin o gwbl gan ei fod yn lle poblogaidd i gyplau fynd i garu. Ond daeth y cerbyd hwn i fyny wrth ochr y cwt, a daeth dau ddyn i mewn, un ohonyn nhw â phastwn yn ei law, dolen ledr yn sownd ynddo a honno am ei arddwrn. Roedd golwg beryglus arno. Cyflwynon nhw eu hunain fel swyddogion y Customs and Excise, ac wedi iddyn nhw ddangos eu cardiau adnabod, roeddwn yn teimlo'n dipyn hapusach.

Holi roeddan nhw a oeddwn wedi gweld hen gwch hwylio a hwyl goch arno, a oedd, yn ôl y wybodaeth a gawson nhw, yn y cyffiniau hyn. Credaf mai ar drywydd cyffuriau roedden nhw, a gofynnwyd i mi roi galwad iddyn nhw os gwelwn y cwch neu unrhyw beth amheus. Dywedais y gwnawn, ac allan i'r gwynt a'r glaw aethon nhw a diflannu i'r nos. Welais i'r un o'r ddau byth wedyn. Eto gwyddwn pe byddai'r cwch hwnnw yn hwylio yn Swnt Enlli y noson honno na fyddwn i na neb arall yn gorfod adrodd ei hanes.

Byddai Llew o'r Bermo, a weithiai i'r un adain o'r llywodraeth â'r ddau ymwelydd, yn galw hefo mi'n achlysurol yn y cwt, a byddai i'w weld yn ei Fiat bach gwyn ar ben un o elltydd Aberdaron yn gwylio cychod yn mynd ac yn dod ac yn angori yn y bae, hefo'i sbienddrych. Bûm yn ei holi am y ddau ymwelydd a gefais gefn nos, ond wyddai o ddim o'u hanes... medda fo.

Y fi oedd yr olaf i gadw golwg o'r hen gwt ar ran Gwylwyr y Glannau, oherwydd caewyd y lle, er y bu aelodau o Coastwatch yno ychydig droeon wedyn. Bydd Elen yn adrodd hanes rhyw ddwy ddynes yn mynd i Siop Pencwm mewn panig, a dweud wrth Llew fod 'na ddau ganŵ mewn helynt ger Braich y Pwll. Roedden nhw wedi'u gweld a rhywun o Coastwatch wedi'u hanfon i chwilio am gymorth. Roedd Elen yn mynd i mewn drwy ddrws y siop wrth i'r ddynes roi ei chenadwri i'r siopwr. Ymateb y siopwr oedd 'Dont worry, her husband is a coastguard,' fel petawn i ar fy ffordd at y canŵs â bad achub tu ôl i'r fan. Ffoniodd Elen fi, galwais y tîm allan ac achubwyd y ddau ddyn yn y canŵs. Oes, mae gen i goffa da o'r hen gwt sydd bellach yn Ganolfan Wybodaeth i'r Ymddiriedolaeth Genedlaethol. Treuliais oriau lawer yno, gwelaf ei golli ac mae'n chwith ar ei ôl er mwyn cadw llygad ar ddarn mawr o fôr peryglus. Pan ddaw galwad fod rhywun mewn perygl yn y Swnt neu y tu hwnt, i'r fangre hon y down hefo'r cerbyd i fwrw golwg gan mai dyma'r wylfa orau i bob cyfeiriad.

A minnau wedi bod yn aelod ers dechrau'r wythdegau, gall fy ngwaith hefo Gwylwyr y Glannau fod yn amrywiol iawn. Weithiau chawn ni mo'n galw am fisoedd, yn enwedig yn ystod misoedd y gaeaf. Ond bryd arall gallwn gael ein galw sawl gwaith mewn un diwrnod. Gall y galwadau fod yn wahanol iawn eu natur i'w gilydd hefyd – chwilio am blant ar y traeth, cadw llygad o'r lan tra bo bad achub yn chwilio am gychod a phobl, rhoi cymorth i rai sydd wedi'u brifo, clirio lle i lanio hofrenyddion yr awyrlu a'r ambiwlans awyr, hunanladdiadau a dod â chyrff i fyny o allt y môr. Rwyf wedi bod hefo'r tîm hefyd yn chwilio am ganŵs mewn trafferthion, wedi bod o gymorth i hogia'r ambiwlans lawer gwaith a hefo unrhyw ddigwyddiad ar lannau ein darn ni o dir.

Weithiau bydd llongau mewn helynt, fel roedd y *Kimya* ar noson ddiawledig o stormus yn 1990. Trodd â'i phen i lawr rhwng Porthdinllaen a Llanddwyn, â llwyth o olew blodau haul arni. Buon ni, a thimau eraill hefyd wrth gwrs, yn chwilio am y morwyr coll oddi arni drannoeth y drychineb, heb ddim lwc.

Aeth y ffôn ryw noson yn yr wythdegau ac es am y cwt cyfarpar. Llong a'i chriw o'r Ffilipinau oedd mewn trybini, ei pheiriant wedi torri ac roedd yn cael ei chwythu am Enlli. Roedd hofrennydd melyn yr awyrlu ar ei ffordd tuag ati, a'n gorchwyl ni oedd paratoi man glanio iddi. Ffurfiwyd dwy linell o aelodau'r tîm a lampau gynnon ni er mwyn goleuo'r cae i beilot yr hofrennydd lanio rhwng y ddwy linell. Gwnaed hyn yn llwyddiannus, ond dim ond dau o'r criw ddaeth oddi ar y llong; arhosodd y capten a'r peiriannydd arni. Aed â'r ddau druan a ddaeth ar yr hofrennydd i'r cwt am ychydig o ymgeledd, ac aeth hogiau'r awyrlu yn ôl drwy'r ddrycin at y llong. Erbyn iddyn nhw gyrraedd yn ôl ati roedd y peiriannydd wedi medru tanio'r peiriant, ac roedden nhw wedi medru osgoi taro Enlli. Gwrthod ei gadael a wnaethant, a daeth tynfad, *Yr Afon Goch*, o Gaergybi i'w thwyo i hafan.

Ym mis Tachwedd 2011 roeddwn yn cerdded adref wedi bod yn dathlu noson wobrwyo'r Clwb Hwylio, neu'r Swper Rigeta fel y gelwir o. Roedd y gwynt o'r gorllewin yn gryf ofnadwy i'm hwyneb ac roeddwn yn falch o weld fy ngwely tua thri o'r gloch y bore. Mae Elen yn gallach na fi mewn ambell i beth; roedd hi wedi cael lifft adref dipyn yn gynharach, ac felly wedi codi o'm blaen fore trannoeth. Daeth i'r ystafell wely sawl gwaith a dweud bod rhywbeth wedi digwydd mae'n rhaid, gan fod siarad garw ar fy radio Gwylwyr y Glannau. Fel roeddwn yn codi tua hanner awr wedi deg dyma bib... bib... bib... bib... bib... bib y *pager* yn canu. Ffoniais Gaergybi a'r neges a ges oedd bod 'na long, y *Swanland*, wedi suddo ar ochr ogleddol Llŷn. Anfonwyd ni i'r hen gwt gwylio ar ben y mynydd ac roedd 'na fadau achub, hofrenyddion ac awyrennau yn chwilio'r môr. Doed o hyd i un o'r rafftiau achub ger Porth Solfach ar Enlli. Cafodd y dyn ar y rhaff o'r hofrennydd gryn drafferth mynd ati oherwydd y tywydd garw a maint y tonnau ac er llwyddo yn y diwedd fe'i cafodd yn wag. Daeth rafft arall i'r fei ger Ogof Goch, i lawr y cae o Tegfan, i'r gogledd o Borth Llanllawen, ond gwag oedd honno hefyd. Cadw llygad ar y cyfan roedden ni, a phan ddaeth y gwyll rhoed y gorau iddi am y dydd. Buom yn chwilio'r glennydd a'r traethau drannoeth, a dod o hyd i ambell ddarn o froc ac enw'r llong arno, ond chawson ni ddim hanes o'r morwyr truan ar y traethau hyn.

13

Talwrn y Beirdd a'r Cwmni Drama

TUA'R ADEG YMA y ffurfiwyd tîm *Talwrn y Beirdd* y Tir Mawr. Roeddwn wedi bod yn holi a fuasai diddordeb gan Anita Griffith, a oedd yn delynegwraig fedrus iawn ac wedi bod yn aelod o dîm Llanengan, a Gareth Rhyd y Bengan bach, neu Gareth Neigwl, a oedd hefyd yn aelod o'r un tîm cyn i hwnnw ddod i ben. Datganodd y ddau ddiddordeb ac fe holais y BBC oedd 'na le i dîm newydd a chael gwybod nad oedd lle ar y pryd. Ond pan oeddwn yn gweithio yn Mhen y Bryn, Uwchmynydd, galwodd Elen a dweud bod y Gorfforaeth wedi ffonio yn dweud bod 'na le ar y *Talwrn* bellach, os oedden ni'n dal â diddordeb.

Ac felly y bu, Anita, Gareth, Wyn Roberts o Bwllheli, ond un oedd â chysylltiadau teuluol ag Aberdaron, a minnau. Disgwyliem yn awchus am y tasgau, a phan gyrhaedden nhw roedd yn rhaid gwneud trefniadau i gyfarfod yng nghartref Gareth er mwyn trafod ein cynnyrch. Byddwn yn galw ar y ffordd am Anita ym Mhen y Bont, ond fyddai hi byth yn barod. Cyn i ni gychwyn, a thra byddai hithau'n paratoi, byddwn i'n gorfod mynd â'r ast fach, Sian, ar hyd y lôn am dro, er mwyn i honno gael gwneud pi-pi cyn i ni fynd. Wedi cyrraedd Rhydbengan aem drwy'r tasgau a phenderfynu pwy oedd i wneud beth, a chael paned a chacen gan Rhian, gwraig Gareth. Trafodem ni'r dynion ymhellach wedyn tra byddai Anita'n cysgu'n sownd ar y soffa cyn i ni droi am adref. Ac felly y byddai bob tro yr aem yno.

Ar noson yr ornest byddwn yn galw i'w nôl unwaith eto, ac yn mynd i mewn i'r tŷ a galw,

"Da chi'n barod Anita?'

'Nac dw, dwi isio newid y delyneg. Dwi'm yn hapus hefo hi.'

'Ond ma'n rhaid i ni fynd, rŵan.'

'Twt lol, fedran nhw'm dechra hebddan ni. Dos â Sian i wneud pi-pi, a mi sgwenna inna hon.'

'Ond...'

'Dos rŵan. 'Ma hi Sian, yli.'

Doedd dim diben dadlau, a doedd dim eisiau gofyn pwy oedd y bòs.

Yn Nhregarth roedd yr ornest gyntaf, yn y Ganolfan Hamdden, a ninnau ychydig yn hwyr yn cyrraedd, oherwydd Anita mae'n siŵr. Fedren ni ddim cael hyd i'r lle o gwbl, ac aethon ni yn ôl ac ymlaen drwy'r pentref ar noson niwlog, ffadin, ond fedren ni yn ein byw ddod o hyd i'r lle. Gwelson ni rywun yn cerdded yn y diwedd, a gofyn iddo. Cafwyd hyd i'r Ganolfan i lawr lôn fach gul ar gongl gudd. Roedd Gareth yno'n barod ac yno y dechreuodd gyrfa dalyrnol y Tir Mawr, gerbron y diweddar, ysywaeth, Feuryn, Gerallt Lloyd Owen. Cofiaf un englyn o'r ornest honno, o waith Gareth. Côr oedd y testun:

> O gydbwysedd y beddau – yn nhir Belg,
>   Tynnir balm o'r lleisiau
>   Yno 'nghyd, a'u genau 'nghau,
>   Alaw uwch sŵn magnelau.

Credaf mai ni a orfu o ychydig ar y noson gyntaf honno, ac mae'r tîm bellach yn ei unfed flwyddyn ar hugain. Gadawodd Wyn a bu Alwyn Pritchard hefo ni, hefyd Gwenan Griffith am gyfnod. Yn anffodus collwyd Anita yn y flwyddyn 2000, a gadawodd fwlch enfawr yn ei bro, yn ddiwylliannol ac yn y tîm:

> Oe't fam dy gwmni drama – i dy Lŷn
> > Oe't delyneg o eiria,
> Awen a dawn wna fardd da,
> Hyn oe't a mwy, Anita.

Yn anffodus bu farw Gerallt tra oeddwn yn ysgrifennu'r gyfrol hon. Yn yr ymryson yn Sesiwn Fawr Dolgellau y Sul ar ôl iddo ein gadael, cystadleuaeth y pennill telyn oedd gorffen pennill oedd yn dechrau 'Tri pheth sy'n anodd...'. Dyma fy nghynnig i:

> Tri pheth sy'n anodd, anodd,
> Dweud ffarwel wrth fflam wnaeth ddiffodd,
> Dwywaith anos fydd i'r genedl
> Â'i chydwybod yn ddi-anadl.

Erbyn hyn, aelodau'r tîm ydy Myrddin ap Dafydd, Jôs Giatgoch, Gareth a minnau. Rydan ni wedi bod yn lled lwyddiannus yn ystod y blynyddoedd diweddar, yn cyrraedd sawl rownd derfynol ac yn ennill ambell un ohonyn nhw hyd yn oed. Ydy, mae o wedi bod yn fwrn ar brydiau, ond mae hefyd wedi bod yn fendith. Yn ei sgil dwi wedi dod i nabod pobl o amrywiol rannau o Gymru ac alla i ond ei ganmol am gynnal diwylliant am bron i bymtheng mlynedd ar hugain.

Yn ystod y cyfnod hwn roeddwn wedi bod yn ystyried sefydlu cwmni drama. Cynhaliai'r papur bro lleol, *Llanw Llŷn*, ŵyl yn flynyddol, un ai drama fer neu hanner awr o adloniant, fel noson lawen neu bantomeim. Bûm yn holi a fuasai diddordeb yn lleol a chaed ymateb ffafriol gan ryw naw neu ddeg. Clybiau Ffermwyr Ifanc, Sefydliad y Merched, Merched y Wawr ac ambell gwmni capel a gymerai ran. Dod o hyd i ddrama a chynhyrchydd oedd y dasg nesaf. Roedd Anita'n cynhyrchu i Sefydliad y Merched, Rhoshirwaun ers blynyddoedd, ond fe gytunodd i ddod aton ninnau hefyd. Doedd gan yr un ohonon ni brofiad o gwbl o'r gwaith, a dim ond rhyw un neu ddau oedd wedi bod ar lwyfan erioed. Awgrymodd Anita y buasai 'Y Dyn Codi Pwysau' gan Wil Sam yn addas i ni, a chafwyd copïau o'r sgript a dechrau hel trugareddau i wneud set a chael dillad. Cawsom ddefnyddio Neuadd y Rhiw i ymarfer. Doedd dim perygl y buasen ni'n llefaru'n rhy ddistaw, gan fod y cynhyrchydd yn drwm iawn ei chlyw. 'Gwaeddwch dwi'm yn eich clywed chi' fyddai ei chyfarwyddyd parhaol.

Ym mis Mawrth y cynhaliwyd yr ŵyl, a hynny am ddwy noson, un yn neuadd Mynytho a'r llall yn Sarn Mellteyrn ac yno roedden ni i berfformio. Cafwyd hwyl iawn arni, ac er na ddaethon ni i'r brig, cawsom feirniadaeth dda a gododd ein hyder. Felly llwyfannwyd y ddrama dair neu bedair gwaith ar ôl yr ŵyl er mwyn codi arian i elusennau lleol.

Y flwyddyn ganlynol ymunodd aelodau ychwanegol – yn wir roedd cymaint ohonon ni, roedd yn anodd iawn cael drama a digon o rannau ynddi. Meddyliais efallai y buaswn yn ysgrifennu drama ar gyfer y cwmni; es ati'n ddeheuig ac erbyn amser dechrau ymarfer roedd gen i ryw lun o ddrama. Doedd hi ddim yn ddrama draddodiadol a phan es i nôl Anita ar noson yr ymarfer cyntaf, a hithau wedi cael y sgript gen i cynt, gallwn ddweud nad oedd fy ymdrechion wedi gwneud fawr o argraff arni. Eto, roedd rhai o'r criw am fwrw ymlaen a cheisio ei llwyfannu, rhai heb fod yn siŵr ac ambell un o'r un farn â'r cynhyrchydd. Pleidleisiwyd ar y mater a phasiwyd o fwyafrif go lew i roi cynnig arni.

Doedd Anita ddim am gynhyrchu, felly diolchwyd iddi am ein rhoi ni ar ben y ffordd y flwyddyn cynt. Gan nad oedd gynnon ni neb i gynhyrchu, a chan mai fy nghowdal i oedd y ddrama penderfynais roi cynnig arni hefo cymorth rhai o'r lleill. Bu llawer i dro trwstan dros y blynyddoedd y medrwn eu hadrodd ond am ryw reswm dyma'r un rwy'n ei gofio ora. Dwi ddim yn sicr pa ddrama oedd hi gan i mi ar ôl y flwyddyn honno ysgrifennu rhywbeth yn flynyddol i'r cwmni. Roedd Terry Hughes i fod i ddod ar y llwyfan, eistedd, agor papur newydd, a dweud ei linell. Daeth i mewn ac eistedd fel arfer, agor y papur a llond neuadd o gynulleidfa'n ei wylio. Beth a welodd o'i flaen ond merch ddeniadol yn gwisgo dim ond gwên gellweirus ar ei hwyneb. Fedra fo ddweud yr un gair. Bu'n hir iawn cyn i'r llinell ddod a phan lefarodd hi rhwng rhyw bwffian chwerthin y daeth, ac erbyn hyn roedd y gynulleidfa a'r cast yn glanna chwerthin. Y drwg yn y caws fel arfer oedd Dafydd, Morfa Mawr, oedd wedi glynu'r cylchgrawn *Men Only* tu mewn i'r papur er mwyn drysu'r hen Terry, ac fe wnaeth hynny reit siŵr.

Ces gais gan bwyllgor y papur bro lleol *Llanw Llŷn* i olygu newyddion iddyn nhw, gan eu bod yn brin o wirfoddolwyr, a chytunais. Byddai'r newyddion yn cyrraedd acw, un ai drwy'r post neu byddai'r cyfranwyr yn dod ag o acw'n fisol. Byddwn innau'n ei ddarllen i gyd, a chywiro neu newid fel y gwelwn yr angen. Mae'n rhyfedd sut mae hi gymaint haws i mi gywiro pethau pobl eraill nag ysgrifennu'n gywir fy hun! Yna awn ag o i'w deipio i Abersoch ac wedi i'r deipwraig orffen awn i'w nôl a'i ddarllen unwaith eto er mwyn bod yn berffaith siŵr ei fod yn iawn. Ar ail nos Sul pob mis câi'r papur ei osod yng nghegin neuadd Mynytho, ac awn ag o yno er mwyn ei lynu ar y tudalennau. Ac felly âi y *Llanw* o Fynytho i'w argraffu er mwyn i bobl Llŷn gael newyddion misol ar y dydd Mercher canlynol. Bûm wrth y gwaith hwnnw am ychydig flynyddoedd.

14

Y Teulu'n Tyfu

AR 4 HYDREF 1992 ganwyd Gwion Lludd, i brofi eto, os oedd angen, nad oedd gan Elen a minnau syniad sut i greu hogan. 'Hogyn arall,' meddai pobl. 'Ma'n siŵr ych bod chi'n siomedig. Bydd rhaid i chi drio eto.' Ond doedden ni ddim, yn siomedig felly, ac yn ddigon bodlon trio eto. Mi oeddan ni, ac mi rydan ni'n ddigon hapus hefo be sydd gynnon ni. Sut fath o siâp *fuasai* ar hogan fach ddel ynghanol y bytheics acw, deudwch? Do fe laniodd Gwion ar ein haelwyd, ac os oedd Owain yn fach ac yn eiddil pan anwyd o, doedd hwn ddim; roedd o'n llond ei groen ac yn sgleinio fel eog.

Byddai'r Parchedig Emlyn Richards, Cemaes, neu Emlyn Lôn i bobl Llŷn, yn dod i aros am ryw wythnos bob hyn a hyn i Gwag y Noe, Uwchmynydd, a byddai fy nhad ac yntau'n sgwrsio llawer, yn siop Pencwm ac yn y car ar Fynydd Mawr fel arfer. Câi fy nhad broblemau anadlu oherwydd ei fod wedi gweithio llawer mewn llwch ar ffermydd, ac oherwydd ei hoffter o faco Shag mae'n debyg. Pan gâi rhyw bwl byddai'n gorfod cael ei frysio i'r ysbyty i Fangor, ac roedd ganddo gyfarpar i'w gynorthwyo pan ddôi'r aflwydd heibio yn y tŷ adref.

Soniwyd wrtho ein bod eisiau bedyddio Gwion.

'Neith Emlyn Lôn, siŵr.'

''Da chi'n meddwl?'

'Gneith, ddeuda i wrtho fo.'

Ie 'mi ddeuda i wrtho fo' ac nid 'mi ofynna i iddo fo'. Ac

felly y bu, daeth y Parchedig a'i wraig, a Mam a Nhad acw a bedyddiwyd Gwion yn y tŷ heb lol o gwbl.

Aeth iechyd fy nhad o ddrwg i waeth yn ystod y cyfnod hwn a bu farw yn 1994, a chwalwyd ei lwch ar y tro uwchben Safn y Pant ar Fynydd Mawr lle treuliasai lawer iawn o'i oes. Roedd wedi bod yn dweud bod Mam wedi mynd yn ffwndrus ond ar ôl iddo fo farw fe ddaeth yn amlwg i ni, y plant, ei bod hi'n waeth nag y meddylien ni a'i bod yn dioddef o'r aflwydd Alzheimers. Buon ni, neu yn hytrach fy chwiorydd gan fwyaf, yn edrych ar ei hôl am flynyddoedd. Yn y diwedd bu'n rhaid iddi fynd i gartref preswyl.

Roedd awydd newid cwch arnaf unwaith eto a gwelais Orkney Fastliner ar werth yn y *Fishing News* yn Bognor Regis. Ar ôl trafod â'r gwerthwyr a chael lluniau drwy'r post, fe'i prynais ar yr amod bod y cwch yn cael ei ddanfon acw, a dyna ddigwyddodd. Cwch du oedd o, ac er bod 'na hen goel fod cwch du yn anlwcus, ches i ddim anlwc hefo hwn, a bedyddiwyd o'n *Barti Ddu*. Gwerthais y cwch a adeiladais i fy hun i Gwyn Cae Mur. Un cyflym iawn oedd *Barti Ddu*, ac mae'n debyg mai dyma'r unig gwch a enwyd mewn englyn gen i:

Gwanwyn
Mae o'n waith, ond y mae nôl – y cewyll,
    Eu cywain a'u didol,
   Tynnu *Barti Ddu* o'r ddôl
   Yn wanwyn cyn gweld gwennol.

Roedd y plant 'cw yn prysur brifio, a Llŷr a Cai bellach yn yr ysgol uwchradd ym Motwnnog, ac yn iach fel cnau. Er pan oedd Cian tua thair oed cafodd helynt anadlu, y crŵp. Dôi'r aflwydd ddwywaith y flwyddyn, ym mis Chwefror neu fis Mawrth a hefyd yn niwedd mis Medi neu ddechrau mis Hydref. Yn ôl Taid, Plas Minffordd, ar impiad a chwymp y dail y deuai, a chafodd Owain yr un aflwydd. Aent i'w gwelyau yn berffaith iawn, ond ymhen rhyw awr neu ddwy codent yn ymladd am eu hanadl. Yn wir bu Cian yn yr ysbyty am bron i wythnos o'i herwydd. Y pibelli yn y gwddw sy'n culhau ac roedd y sŵn a wnaent yn erchyll.

Y ffisig i'w wella oedd Allupent Syrup sy'n chwyddo'r pibellau i'w maint priodol. Ateb arall i'r broblem fyddai mynd i'r ystafell molchi cau'r drws a'r ffenestr a gadael i'r dŵr poeth lifo i'r baddon nes bod llond yr ystafell o ager. Yn lwcus dydy'n hystafell molchi ni acw fawr mwy na chwpwrdd go lew, felly llenwai yn sydyn. Mae'r ager hefyd yn agor y pibellau, ond pan ddigwydd y crŵp mae'n brofiad ofnadwy, i'r plant ac i'r rhieni, gan fod y sŵn maen nhw'n ei greu trwy geisio anadlu'n ddigon i ddychryn rhywun. Cofiaf un tro i mi ddal Owain yn fy mreichiau a'i deimlo'n mynd yn stiff ac yn troi'n biws wrth iddo ymladd am ei anadl, a'i fam yn rhoi ffisig iddo. Minnau wedyn yn cychwyn gefn nos at y meddyg i Abersoch ac yntau'n gwla iawn. Erbyn cyrraedd Penycaerau rhyw ddwy filltir o gartref roedd yn anadlu'n llawer gwell o dan effaith y ffisig, ac erbyn cyrraedd y feddygfa doedd 'na un dim yn bod arno. Minnau'n teimlo'n euog am godi'r meddyg o'i wely ar awr mor hwyr, ond deallai'n iawn ac roedd yn llawn tosturi. Am ychydig o flynyddoedd y parhaodd y salwch a thyfodd y ddau ohono. Bu Gwern, y mab fenga', yn dioddef ychydig oddi wrtho ond ni phoenodd y mygdod y tri arall o gwbl.

Amser braf iawn yn ein bywydau oedd y cyfnod hwnnw, wrth edrych yn ôl arno. Y plant yn fychain ac angen eu danfon neu eu nôl o rywle o hyd, byth yn llonydd. Adeg y Nadolig, bydden nhw'n codi tua thri o'r gloch y bore i weld oedd Siôn Corn wedi bod. Elen a minnau'n ceisio eu hel yn ôl i'w gwlâu ond heb fawr ddim llwyddiant. Yna gorfod codi hefo nhw i gymysgfa o arogleuon hyfryd yr ŵyl yn cael eu harwain gan berarogl yr hen dwrci anlwcus. Bydden nhw'n agor pob anrheg a gadael y papur lapio yn flêr ym mhobman, a'm gadael innau wedi ymlâdd yn rhochian ar y soffa erbyn tua deg. Dyddiau difyr!

Yr adeg honno roedden ni wedi bod yn sôn am fynd i'r Ŵyl Ban Geltaidd a phenderfynwyd ei mentro hi a mynd i Galway. Cychwyn ar fore Mawrth ar ôl Llun y Pasg a dod adref ddiwedd yr wythnos.

Hen Range Rover werdd oedd gynnon ni erbyn hyn a thua hanner nos rhoed pawb i mewn ynddi a chychwyn am Gaergybi. Wrth fynd heibio Ysgol Crud y Werin, gweld bod 'na gynulleidfa yn dal o hyd yn y neuadd, lle cynhelid Eisteddfod y Pasg, Uwchmynydd, ac mae'n debyg y byddai'n parhau am oriau wedyn.

Daliwyd y llong o Gaergybi i Dun Laoghaire a chychwyn ar draws yr ynys Werdd tua'r gorllewin, am Galway. Doedden ni ddim wedi gwneud dim trefniadau ynglŷn â lle i aros – tydw i ddim yn rhyw gynllunydd mawr. 'Fydd 'na ddigon o le, gei di weld,' meddwn wrth Elen pan holodd hi. Fel sawl tro cynt ac wedyn, roedd hynny ymhell o fod yn wir. Wedi meddwl llogi carafán roeddwn i ond oherwydd bod y Pasg yn gynnar y flwyddyn honno, doedd y meysydd ddim wedi agor.

Crwydrwyd a holwyd, ond heb ddim diben, nes yn y diwedd cawson ni hanes carafán. Aethom i'w gweld, ac a dweud y gorau amdani, doedd hi fawr o beth, ond doedd dim dewis gynnon ni ond ei chymryd. Mary Joyce oedd enw'r hen Wyddeles flin, perchennog yr hen garafán werdd a fuasai wedi gwneud fel cwt ieir yn Llŷn ers blynyddoedd. Doedd neb wedi agor y drws na'r ffenestri, doedd hi ddim wedi gweld awyr iach ers yr haf cynt. Roedd hi wedi duo y tu mewn a dŵr yn llifo i lawr y ffenestri a'r parwydydd. Ta waeth am y manion hyn, cael arian ymlaen llaw oedd blaenoriaeth Mary Joyce, a dywedodd y buasai'n rhaid i ni dalu am unrhyw beth roedden ni'n ei falu. Talais yr ernes a gadawodd ni yn ein moethusrwydd! Roedd y gwelyau yn llaith ac yn oer ac wrth reswm doedd 'na ddim gwresogydd. Ar lawr yn ein dillad y gorweddon ni i gysgu, wedi hel at ein gilydd er mwyn cael rhywfaint o wres. Buom yn hir cyn cysgu, ond yn y diwedd gyrrodd blinder Huwcyn atan ni i gyd. Y munud y caeon ni ein llygaid, neu felly yr ymddangosai beth bynnag, cawsom ein deffro gan sŵn peiriannau trymion. Ar ôl codi a rhoi cadach ar y barrug y tu mewn i'r ffenestr, gwelais, yn y cae agosaf ond un, rhyngddon ni a'r môr, Jaciau codi baw a'u tebyg yn symud rhywbeth ac yn gwastatáu'r tir. Fedrai'r un ohonon ni fynd yn ôl i gysgu wedyn. Daeth hyn yn alwad boreol i ni yr wythnos honno, a daethon ni i ddeall mai tomen byd oedd yno, ac y dechreuai'r gweithwyr ar eu gwaith cyn toriad dydd. Dyna oedd ein hargraff gyntaf o'r hudolus Galway Bay.

Heblaw am y garafán warthus a'r galwadau cynnar dyddiol, mwynhawyd yr wythnos yn fawr, a phan ddaeth yn amser troi am adref daeth Mary i archwilio'r garafán a phob teclyn, llestr, sosban ac unrhyw beth arall oedd heb fod yn sownd yn y parwydydd, rhag ofn ein bod wedi'u malu neu eu dwyn. Gwelodd fod popeth yno a'u bod yn gyfan.

Cawson ni hwyl yn Iwerddon hefo'i phobl ac yn yr Ŵyl ac aethon ni yn ôl lawer gwaith wedyn, gan ymweld â gwahanol drefi ac ardaloedd. Buom yn Tralee amryw o weithiau, mynd i siop a gweld bod 'na gaffi y tu ôl i'r siop, mynd i'r caffi a chael bar mawr y tu ôl i hwnnw. Er mwyn dangos mor groesawus oedd y bobl yno, châi'r plant ddim prynu diod fesul gwydraid ganddyn nhw. 'No, no, buy a big bottle from the shop and share it amongst them,' meddai'r gŵr y tu ôl i'r bar. Pan aethon ni'n ôl i'r un bar-caffi-siop ymhen pedair blynedd roedden nhw'n dal i'n cofio'n iawn.

Ar ymweliad arall â'r Ŵyl roedden ni'n aros mewn carafán ar gyrion y dref yn Swydd Kerry. Wedi mynd i gyngerdd neu rywbeth cyffelyb yn ymwneud â'r Ŵyl roedd Elen a rhai o'r hogia. Doedd gen i fawr o ffansi, a gan fod Gwion yn fychan aethon ni ein dau ac Owain i lawr at lan yr afon i ladd amser. Ar y pryd roedd llong fechan yn cael ei hadeiladu yno. Roedd hon ar batrwm y llongau a oedd wedi cludo miloedd ar filoedd o Wyddelod o'u mamwlad adeg y llwgfa ofnadwy a fu yn y wlad pan fethodd y cnwd tatws oherwydd malltod rhwng 1845 ac 1852.

Y *Jeanie Johnston* oedd enw'r llong ac roedd y gweithwyr yn agos iawn at ei gorffen. Es i mewn i'r gweithdy, nad oedd a dweud y gwir yn ddim ond to drosti, i gael golwg arni tra chwaraeai'r hogia ar lan yr afon gerllaw. Roeddwn wedi ymgolli'n astudio'r llong pan redodd Owain ataf a dweud bod Gwion yn sownd. Rhedais i lawr hefo fo, ond welwn i mo'r bychan yn unman! 'Na, dim yn fa'ma, dros ben y wal yn fan'cw,' meddai gan bwyntio at ryw wal tua llathen o uchder. Es i edrych dros y mur gan ofni be oeddwn am ei weld... ond yno roedd o, ar ei hyd fel morlo yn methu â symud mewn llaid. Oedd mi oedd 'na dywod yn uwch i fyny, ond fel y treiai'r môr o'r afon doedd ond llaid yno. Es ato. Trwy ryw drugaredd doedd y llaid ddim yn ddwfn, a ches afael arno a'i dynnu oddi yno a'i roi ar y tywod sych. Golwg y diawl ydy'r unig ddisgrifiad cyfiawn ohono a doedd ei arogl ddim yn bersawrus iawn chwaith. Ces flanced o'r cerbyd gerllaw a'i lapio amdano, ei roi yng nghefn y car a'i siarsio i beidio â symud neu byddai pob sedd yn llaid trostynt.

Bellach roedd yn adeg nôl Elen a'r gweddill o'r cyngerdd, ac yn naturiol doedd hi ddim yn falch iawn o weld ei phumed mab yn fwd drosto fel nyth mwyalchen yn y cerbyd. Digon yw dweud y bu croesholi a chollfarnu ar y rhiant a fu'n bresennol pan ddigwyddodd yr anffawd, er llwyr ddifyrrwch i weddill y plant. Aed yn ôl i'r garafán a'i roi o dan y gawod ac nid oedd fymryn gwaeth wedi'r antur, heblaw ei fod yn pigo llaid o'i glustiau ac yn ei chwythu o'i drwyn am ddiwrnodau wedyn.

Flynyddoedd wedi hyn roedden ni yn Iwerddon unwaith eto, ar yr ochr ddwyreiniol, ac ar ein ffordd i mewn i dref New Ross pan welson ni long fechan yn yr afon. Ar angor roedd hi a cheid mynd arni ac o'i chwmpas o dan arweiniad un a oedd yn hyddysg yn hanes y llwgu ac actorion yn portreadu cymeriadau'r cyfnod. Y *Dunbrodie* oedd y llong, chwaer long y *Jeanie Johnston*, a'r syndod oedd cyn lleied o le oedd arni i'r cannoedd o deithwyr, anifeiliaid a nwyddau a gariai llongau tebyg iddi dros Fôr Iwerydd. Pan oedden ni yn Nulyn ychydig flynyddoedd wedyn ar afon Liffey, fel amgueddfa roedd y llong a welsom yn Tralee, y *Jeanie Johnston*, ac rwy'n meddwl ei bod hi'n dal i fod yno.

Rydan ni'n hoff iawn o'r Ynys Werdd er y profiad cyntaf hwnnw yn Galway, ac rydyn ni wedi mwynhau gwyliau, cyngherddau a gêmau rygbi yno dros y blynyddoedd, ac wedi mwynhau ambell i beint o Guinness hefyd, yn naturiol.

Tua phum mlynedd yn ôl roedd Elen a minnau'n lladd amser cyn mynd i gyngerdd Neil Diamond yn Stadiwm Aviva. Aeth hi i ryw siop merched ac es innau i mewn i siop nwyddau a gawsai eu defnyddio cyn hynny gan y fyddin a'r llynges. Roedd y siopwr yn sbaena mewn bocs a dau ddyn yr ochr arall i'r cownter, ac meddai'r siopwr,

'So it's tirty you want, is it lads?'

'Dat's right, tirty,' gan edrych o'i gwmpas yn amheus.

'I tink I've got enough, yes tirty. You wouldn't be up to no good with these would you lads?'

'No,' meddai'r ddau hefo'i gilydd.

'Here you are den, tirty balaclava caps. Ninety pounds please.'

'Thank you,' meddai'r ddau, talu a cherdded allan.

Cawsom daith arall i'r Iwerddon hefyd, pan fu Cai'n gweithio ar longau Stena i Ddulyn fel ail swyddog am un haf a chael bod ar bont y llong pan oedd hi'n gadael y porthladd a gwirioni ar yr olygfa o'r fangre uchel honno.

Ym mis Gorffennaf 1998, fel arfer, aethom i Ŵyl y Cnapan. Aeth Gwern, Gwion ac Owain i Blas Minffordd i'w gwarchod a chafodd y tri hynaf aros adref. Pa ddrwg fedren nhw'i wneud, yntê?

Am y tro cyntaf roedden ni wedi prynu carafán, ac yn edrych ymlaen at y penwythnos. Fel arfer, dyma gychwyn ar ôl cinio ddydd Gwener, aros ar y ffordd am fwyd a chyrraedd Ffostrasol yn brydlon. Cyrhaeddwyd yn ddiogel, rhoi traed y garafán i lawr a chael paned cyn mynd am yr adloniant.

Roeddwn wedi trefnu hefo'r prifardd, Dic Jones y cawn adael y garafán yn yr Hendre wedi'r Ŵyl a'i nôl ar y ffordd i'r Eisteddfod ym Mhen-y-Bont ar Ogwr ym mis Awst. Felly taith fer i Flaenannerch ar ddydd Sul, ac am adref heb orfod twyo dim. Dyna oedd y cynllun.

Cafwyd noson dda a hwyliog cyn troi am ein gwlâu. Hen fore ffadin oedd hi fore Sadwrn ac aethom ein dau i chwilio am frecwast, yna yn ôl i swatio yn y garafán. Gan nad oedd gen i ddim i'w wneud, a 'mod i newydd gael ffôn symudol, ffoniais adref. Llŷr atebodd, 'Sut ma 'i?' holais o.

'M... ma...'

Gwyddwn ar ei lais fod 'na rywbeth o'i le. ''Di pob dim yn iawn?'

'Ym... ym, nacdi.'

'Be sy? 'Sa rhywun yn sâl?'

'Nag oes, ond ma'r tŷ 'di mynd ar dân.'

'Be? 'Sna lanast?'

'Oes.'

''Da chi'n iawn?'

'O, yndan. Mi fuodd Vaughan a Menna yma'n helpu. "Sa well i ti ffonio Tryfan.'

'Iawn'.

Ffonio Menna wedyn a chael fod golwg ofnadwy ar y gegin, a doedd dim dewis ond mynd adref. Es â'r tocynnau i'r swyddfa i weld a gaem ad-daliad, ond roedd hynny'n groes i bolisi'r Ŵyl. Eglurais y sefyllfa ond doedd dim ad-daliad i fod.

Bachwyd y garafán yn y car a pharatoi i gychwyn am yr Hendre. Roedden ni ar gychwyn pan ddaeth un o aelodau pwyllgor yr Ŵyl a rhoi ein harian yn ôl i ni. Roedden nhw wedi cael pwyllgor brys ac wedi tosturio wrthon ni. Diolchwyd iddyn nhw a chychwyn am Flaenannerch.

Eglurwyd i Dic beth oedd wedi digwydd cyn ffarwelio ag o a'r garafán. Ni fu fawr o sgwrs rhyngon ni ar y ffordd adref, roedden ni'n dau'n hel meddyliau ac yn dychmygu pa mor ddrwg oedd y sefyllfa gartref. Fi oedd yn gyrru, a throdd Elen ata i a gofyn, 'Lle rydan ni, dwâd?' Fedrwn i mo'i hateb gan nad oedd syniad gen i, ond tynnais i mewn i garej ar ochr y ffordd. Ychydig filltiroedd o Langurig yn ôl dyn y garej. Llangurig! Roedden ni filltiroedd o'n llwybyr. Mae'n rhaid 'mod i wedi gyrru heb sylweddoli i ble roeddwn yn mynd, a heb gofio troi i'r chwith yng Ngelli Angharad, nac wedi sylweddoli 'mod i wedi methu'r troad. Cychwynnwyd tuag adref unwaith eto, ac ymhen rhyw ddwy awr roedden ni'n dod i lawr y lôn hegar o Fryn Sander heb syniad be fyddai'n ein disgwyl.

Wrth gerdded at y tŷ roedd arogleuon olew yn gryf ar yr awel. Aethon ni i mewn i'r gegin ac roedd fel cerdded i mewn i ogof. Hen Rayburn olew oedd yn twymo'r tŷ a'r dŵr acw, ac roedd wedi'i lleoli ar dalcen isaf y gegin, y talcen agosaf at yr hen dŷ. Roedd y ffôn, a oedd wrth ochr y stôf, yn gweithio'n iawn, heblaw am y ffaith ei fod yn drewi o oglau mwg ac olew. Mae'r gegin tua 32 troedfedd o hyd, ac roedd y rêl dal llenni ar y talcen uchaf wedi toddi a llifo. Mae'n rhaid bod y fflamau wedi bod yn cyrraedd hyd yr ystafell ar hyd y nenfwd. Patrwm dail mewn Artex oedd ar y nenfwd ac roedd yn bygddu a lle bu yno we pry cop roedd y fan honno'n dduach fyth. Yn naturiol roedd arogl mwg ac olew drwy'r tŷ cyfan.

Aed ati i holi'r tri diffynnydd ac i gasglu tystiolaeth. Roedd Cai wedi bod yn cysgu yn y siambr, a'r ddau arall yn y ddwy daflod. Cai ddeffrodd a gweld ac arogleuo'r mwg yn dod o dan y drws. Gwaeddodd ar y ddau arall ac aed i'r gegin i weld be oedd y broblem. Pan agorwyd y drws gwelwyd bod y Rayburn ar dân a bod yr ystafell yn wenfflam. Aeth y tri i nôl dŵr, ac er y dywedir na ddylid rhoi dŵr ar dân olew, fe ddiffoddwyd o yn ei ffynhonnell – y Rayburn. Daeth Vaughan a Menna acw ar ôl i'r hogia eu ffonio, i wneud yn sicr nad oedd perygl pellach, ac wedi canfod eu bod yn saff, aeth pawb yn ôl i'w gwlâu.

Trannoeth ar ôl i ni ddod adref agorwyd y ffenestri ac es ati i geisio glanhau'r nenfwd, ond gan nad oedd yn wastad a bod 'na batrymau arno, roedd hi'n anodd iawn. Ar y dydd Llun cysylltais â'r cwmni siwrans a daeth cwmni glanhau proffesiynol acw, a rhoed *sealer* ar y nenfwd a'i beintio. Yn raddol daeth pethau i drefn unwaith eto, er y bu'r lle'n drewi am fisoedd, ac mae gen i odliadur ac olion y mwg arno hyd heddiw. Gwnaed i ffwrdd â'r Rayburn a phrynwyd stof Stanley newydd.

Er holi a holi wyddon ni ddim yn iawn hyd heddiw be ddigwyddodd, ond credwn mai wedi gadael cadach ar beipen y corn roedden nhw, a bod hwnnw wedi cynnau ac wedi disgyn ar y bibell olew. Dyna'r ddamcaniaeth beth bynnag, ond y waredigaeth fawr oedd bod y tri yn fyw ac yn iach.

Ym mis Awst aethon ni i'r Eisteddfod, a'r tro hwn bu'n

rhaid i Cian ddod hefo ni er ei gwyno a'i brotestiadau cyn i ni gychwyn, a'i lyncu mul trwy'r wythnos ym Mhen-y-Bont ar Ogwr. Nid ein bod yn ei feio fo, ond fo oedd yr ieuengaf o'r tri oedd acw noson y tân, a gadawyd y lleill adref gan eu bod yn gweithio yn ystod eu gwyliau ysgol.

15

Yr Ŵyl Werin a *Chân i Gymru*

ROEDD TUA PHYMTHEG ohonon ni ynghlwm â Chwmni Drama Bro Enlli ac fe fu sôn a thrafod a fyddai hi'n bosib gwneud rhywbeth arall yn ddiwylliannol yn y fro.

Cynigiodd Dafydd a Karen, Morfa Mawr, farbaciw i gydnabod a chyfeillion. Daeth tua chant o bobl ynghyd, a bu'n llwyddiant mawr.

Ers blynyddoedd, bu Elen a minnau'n mynychu Gŵyl y Cnapan yn Ffostrasol bob mis Gorffennaf, ac ni wnaeth y tân effeithio ar ein mwynhad o'r arlwy. Ceid y cerddorion gorau o Gymru, y gwledydd Celtaidd, ac weithiau artistiaid byd enwog yno. Bydden ni'n trafod hefo'n gilydd yn aml pa mor braf fyddai cael rhywbeth cyffelyb, ond ar raddfa lai wrth gwrs, yn ein hardal ni ein hunain.

Felly cyfarfu rhyw ddwsin i bymtheg ohonon ni yng ngwesty'r Ship yn ystod gaeaf 1996 gyda'r bwriad o gynnal gŵyl. Penderfynwyd cynnal dwy noson o ganu a chaed addewid y buasai sièd Morfa Mawr ar gael. Trefnwyd gweithgareddau ar y traeth ar y prynhawn Sadwrn hefyd, a chael adloniant yn y ddwy dafarn, yn o debyg i'r hen ddiwrnod Rigeta ond ei fod wedi'i drefnu yn hytrach na dibynnu ar bobl i ddod heb eu cymell.

Wedi'r paratoi daeth y dydd mawr. Ar y penwythnos ar ôl Gŵyl y Banc yn niwedd Awst y cafodd yr Ŵyl ei chynnal, gan y byddai'r rhan fwyaf o'r ymwelwyr wedi gadael erbyn hynny. Gwerthwyd yr holl docynnau ar gyfer y ddwy noson, ac aeth y nos Wener yn ddiffwdan iawn. Cafwyd tywydd braf a thorf fawr o bobl yn y pentref ar y dydd Sadwrn ac amryw'n cymryd rhan yn y rasys rafftiau, rasys rhwyfo, gêmau pêl-droed a gwahanol weithgareddau i'r plant ar y traeth. Nos Sadwrn oedd y noson fawr. Roedd y sièd dan ei sang, a chawson ni noson wych. Ar y cyfan ni fu llawer o gwynion ond gan fod cynifer o bobl mewn lle mor fach roedd 'na rywun yn saff o gael ei dramgwyddo. Roedd ambell un yn cwyno na fedrai cerbydau fynd drwy'r pentref gan fod y tafarndai'n llawn a bod 'na bobl allan ar y stryd yn yfed – yn debyg i fel y byddai yn y saithdegau, ond ychydig ychwaneg efallai. Mae Morfa Mawr tua hanner milltir o'r pentref a'r unig ffordd i fynd i fyny yno y noson honno oedd cerdded heblaw bod rhywun yn gyrru. Bu cwyno am hynny hefyd, ond ar y cyfan bu'n benwythnos llwyddiannus iawn.

Gwnaed gwelliannau erbyn y flwyddyn wedyn, cael bar ar y safle, a bysiau i gario'r bobl yn ôl ac ymlaen o'r pentref. Yn wir bu'r Ŵyl yn llwyddiant mawr bob tro y cynhaliwyd hi. Doed â hi i ben oherwydd clwy'r traed a'r genau yn 2003 gan nad oedd yn bosib cynnal dim mewn sièd ar fferm er i ni drefnu rhyw ychydig o weithgareddau ar y traeth.

Roedd hi wedi mynd yn rhy lwyddiannus er ei lles ei hun erbyn hyn, a hysbyswyd y pwyllgor y buasai'n rhaid i ni dalu am blismona pe baem ni am drefnu Gŵyl arall, ac mai ni fyddai'n gyfrifol am unrhyw drosedd neu ddrwgweithredu yn y pentref. Y Cyngor a'r heddlu oedd yn datgan hyn, oherwydd, yn eu barn nhw, ni oedd yn gwahodd y dorf i ddod yno. Felly ni threfnwyd Gŵyl at y flwyddyn ganlynol. Mi gawson ni flynyddoedd da iawn a bu cerddorion fel Dafydd Iwan, Tecwyn Ifan, Steve Eaves, Strymdingars, Côr Eifionydd, Catsgam, Nâr, Mim Twm Llai, Iwcs a Doyle, Anweledig, Vanta, Ap Ted a'r Apostolion, Geraint Løvgreen, Gwerinos a llawer mwy yn ein diddanu.

Y flwyddyn gyntaf pan nad oedd dim wedi'i drefnu,

roedd y pentre'n orlawn eto. Gwyddai trigolion Llŷn a'r rhai a arferai ddod mai ar y nos Sadwrn hon y cynhelid hi a daethon nhw i ddathlu yr un fath yn union. Sefydlwyd traddodiad, ac mae traddodiad yn beth anodd i'w dorri. Yn ara bach daeth cerddorion i'r pentref yn y blynyddoedd canlynol. Hogia Gwerinos ddaeth i ddechrau, dod i fwrw Sul a jamio ym mar y Tŷ Newydd, ar ôl i bobl leol ei brynu gan yr hen Wyddeles ddigroeso a oedd yno cynt. Byddai honno'n mynd â'r dodrefn o'r bar ar benwythnos yr Ŵyl ac yn gadael bwcedi a hanner eu llond o dywod ar lawr i'w defnyddio fel blychau llwch, a hyn ar benwythnos prysura'r flwyddyn iddi.

Wedi i Iain a Wilma gael gafael ar yr awenau, rydan ni wedi ail ddechrau cael sesiynau canu yn y dafarn ar y prynhawn Sadwrn, ac mae'r lle dan ei sang o Gymry'n mwynhau eu penwythnos olaf o wyliau'r haf, cyn mynd adref ar ôl carafanio'n lleol am gyfnod da yn ystod y tymor. Yna, wedi i'r canu ddarfod am y prynhawn bydd y jamio'n dechrau ac aiff ymlaen tan oriau mân y bore.

Ond yn ôl at gyfnod sefydlu'r Ŵyl. Bu raid i Elen golli ambell i bwyllgor, oherwydd ganwyd Gwern Erith ar 3 Ionawr 1997. Methodd fy mhen-blwydd i o awr a hanner.

Âi ein cwmni drama o nerth i nerth yn y cyfnod hwnnw ac erbyn hyn roedden ni'n agos i'r brig yn flynyddol. Meddyliodd Elen y buasai yn dysgu canu'r piano ac aeth am wersi at Nia Williams, a oedd yn byw yn yr ardal ar y pryd. Soniodd Nia wrthi y buasai'n hoffi cael geiriau i gân fel y gallai roi alaw iddi ar gyfer cystadleuaeth *Cân i Gymru*. Awgrymodd Elen iddi efallai y buaswn yn gallu cyfansoddi geiriau, er nad oeddwn erioed wedi gwneud hynny cynt ac nad oedd gen i glem am gerddoriaeth, a bod gen i lais fel brân chwedl Mam. Dwi'n meddwl mai 'Twyll' oedd y gân gyntaf a ysgrifennais, cân canu gwlad, a gafaelodd y chwiw caneuon yma ynof wedyn. Y nesa oedd 'Y Trai', cân werin, ac atgof o Elwyn, fy mrawd yng nghyfraith, yn y cefndir. Y delyn oedd prif offeryn Nia a gweddai'r cyfeiliant i'r dim i'r gân drist, atgofus hon. Byddai amryw o aelodau'r cwmni drama'n dod i Fryn Crug, cartref Nia, i roi tro ar y caneuon, a chaem i gyd fwynhad yno.

Penderfynais mai hanner awr o adloniant a wnaem ar gyfer Gŵyl y Llanw y flwyddyn ganlynol, gan ddefnyddio ein caneuon a gweithio ambell ymgom a jôcs o'u cwmpas. Ysgrifennwyd nifer o ganeuon a recordiwyd rhai ohonyn nhw gan grŵp lleol, Pwy 'sa'n meddwl, a 'Bryn Crocbren' gan Linda Griffiths, y gantores werin. Cynhyrchodd Nia a Catherine Hughes gryno ddisg o dan yr enwau Cat a Nia. *Bugeilio Brain* oedd enw'r cryno ddisg. Gofynnwyd i mi wneud rhaglen radio yn y gyfres *Lle Fel Hyn* a gyfeiriai at Swnt Enlli a Bae Aberdaron. Defnyddiwyd dwy o'r caneuon, 'Y Trai' a 'Mynd Fydd Rhaid' fel cerddoriaeth gefndirol, Nia yn canu un ohonyn nhw a Mair, chwaer Elen yn canu'r llall.

Roedd Nia a minnau'n dal i ysgrifennu caneuon yn 2004 ac wedi cystadlu yng nghystadleuaeth *Cân i Gymru* ddwywaith. Cân o'r enw 'Gadael' oedd y cynnig ar gyfer cystadleuaeth 2004 ac roedd wedi'i hanfon i mewn erbyn dechrau Rhagfyr y flwyddyn cynt. Pan oeddwn yn gweithio yn y Rhiw byddai Elen yn fy ffonio gyda'r nos, a'i neges ar y noson arbennig honno oedd fod Nia wedi ffonio acw wedi cael gwybod bod 'Gadael' wedi mynd trwodd i'r wyth olaf yn y gystadleuaeth.

Wrth gwrs roeddwn innau hefyd yn falch iawn o'r llwyddiant, a'r cam nesaf oedd cael rhywun i'w chanu a'i recordio. Crybwyllwyd ambell enw gan y cwmni cynhyrchu, ond cantorion o'r de oedden nhw a theimlem mai yn nhafodiaith y gogledd y dylai gael ei chanu. Er i rywun ddweud na fynnodd John Lennon na Paul McCartney bod eu creadigaethau'n cael eu canu gan gantorion o Lerpwl, doedden ni ddim yn meddwl bod hyn yr un fath yn hollol. Fy newis i o'r dechrau, cyn enwi neb, oedd Mirain Haf, ac yn wir cynigiwyd ei henw i ni a derbyniwyd hi.

Aeth pedwar ohonon ni, Nia ac Aled, ei gŵr ac Elen a minnau am Gaerdydd ar ddydd Gwener er mwyn mynd i stiwdio Caryl Parry Jones a Myfyr Issac ar y dydd Sadwrn. Gyrrwyd am Fro Morgannwg o Gaerdydd ar y bore Sadwrn i gyfarfod â'r ddau gerddor, a chyn bo hir cyrhaeddodd Mirain, a recordiwyd y gân yn hollol ddi-lol. Cawson ni nos Sadwrn yng Nghaerdydd cyn dychwelyd adref drannoeth.

Yn ôl y drefn bryd hynny gwnaed fideo i gyd-fynd â'r gan, felly cawson ni ddeuddydd arall yn y brifddinas wrth wneud honno yn un o fflatiau moethus y Bae, a mwynheais y profiad yn fawr, gan ei fod mor wahanol i'm bywyd arferol, mae'n debyg.

Pan ddaeth wythnos y gystadleuaeth câi pedair fideo eu dangos bob nos yn ystod yr wythnos honno, a phleidleisiau'r gwylwyr yn dewis pa rai a âi trwodd i'r rownd derfynol ar y nos Wener. Llwyddodd Mirain a 'Gadael' i ennill digon o bleidleisiau ac felly caed siwrnai arall i Gaerdydd, ac i Gasnewydd y tro hwn lle cynhaliwyd y gystadleuaeth.

Roedd rhaid i Nia a minnau aros yn yr adeilad yn ystod yr ymarferiadau drwy'r prynhawn er mwyn i ninnau gael ymarfer hefyd. Cafodd gweddill y criw rwydd hynt i wneud a fynnent â'u hamser. Aed trwy rediad y rhaglen a daeth yn amser mynd ar yr awyr. Dafydd Du oedd yn cyflwyno a'r adloniant gan Elin Fflur.

Cafwyd cystadleuaeth dda ac enillwyd y gystadleuaeth gan Rhian Mair Lewis yn canu cân o waith Tudur Dylan a Meinir Richards. Trydydd neu bedwerydd oedd 'Gadael' ond roeddwn wedi fy mhlesio'n fawr iawn. Ac yn ôl y nifer o weithiau y bu ar y radio yn ystod y misoedd a'r blynyddoedd wedi hynny, roedd yn gân boblogaidd iawn, ac fe dalodd ar ei chanfed i ni.

Yn stiwdio fechan Gwynfryn Cymunedol yn y Waunfawr ger Caernarfon roedd Nia wedi recordio'r gân cyn ei hanfon i'r gystadleuaeth, ac roedd gan y dyn sain a dyn popeth arall yno, Bob Galvin, dipyn o feddwl ohoni. Cerddor oedd Bob, un o Lerpwl a bu'n canu yn ogystal â chwarae offerynnau mewn nifer o grwpiau adnabyddus yn Lloegr cyn symud i fyw i Gymru.

Ychydig fisoedd ar ôl y gystadleuaeth, cysylltodd gan holi a oedd gynnon ni ychwaneg o ganeuon, a thybed a wnâi Mirain eu recordio, os oedd gynnon ni rai. Oedd, roedd gynnon ni ryw bump cân a fuasai'n gweddu i Mirain, a phan holwyd hi roedd yn ddigon hapus i'w recordio. Penderfynwyd rhoi wyth cân ar y cryno ddisg ac ysgrifennwyd tair ychwanegol. Buom yno'n recordio a phan gawsom y copi gorffenedig roedden ni wrth ein boddau. *Lle Diarth* oedd enw'r CD, ninnau'n falch iawn ohoni, a gwerthodd yn dda.

16

Y Sioeau Cerdd

FEL DATBLYGIAD O'R Ŵyl ddrama, fy syniad nesaf oedd creu
sioe gymunedol i bobl o bob oed o ardal Aberdaron. Es ati i
chwilio am gyllid i'w hariannu am y flwyddyn gyntaf a ches
gefnogaeth gan un o asiantaethau'r Cyngor Sir.

Y flwyddyn honno roedd yn chwe chanmlwyddiant
arwyddo'r Cytundeb Tridarn gan Owain Glyndŵr, cytundeb
a olygai, petai Owain yn llwyddiannus yn ei ymgyrch, y
byddai Cymru'n cyrraedd hyd at afon Trent a darnau mawr
o Loegr yn eiddo iddi. Hotspur a Mortimer oedd y ddau arall
a arwyddodd, ac roedd 'na si mai yn Aberdaron, mewn tŷ yn
eiddo i Dafydd Daron, lle saif y Ship heddiw, yr arwyddwyd
y cytundeb.

Pa wahaniaeth a ydy'r hanes yn wir ai peidio? Er nad
ydw i'n honni mai anwiredd ydyw, roedd yn stori dda, ac
es ati i greu sioe ar y testun hwn. Ces gymorth yn y gwaith
gan Gwenda Williams a oedd newydd symud i'r fro acw ar
ôl priodi â Medwyn fy nghyfyrder. Felly ysgrifennwyd rhyw
ddeg neu ddeuddeg golygfa ac wyth neu naw o ganeuon,
y geiriau gen i a'r alawon gan Nia neu Gwenda, ac un gan
Alaw Tecwyn, y gantores o bentref y Rhiw.

Cafwyd ymateb gwych yn y fro a daeth tua deugain o
gast o bob oed i gymryd rhan. Roedd 'na rai'n canu fel
unigolion a hefyd roedd gynnon ni gôr y sioe. Cafwyd Lowri
Mererid yn gynhyrchydd i roi trefn arnyn nhw. Bu Gwenda
wrthi'n ddyfal yn dysgu'r caneuon iddyn nhw ac erbyn canol
Tachwedd roedden nhw'n weddol barod. Penderfynwyd

gwneud recordiad o'r caneuon fel y gallen nhw ganu i'w cyfeiliant eu hunain ar y noson.

I recordio, aed yn ôl at yr hen Bob Galvin i stiwdio Gwynfryn. Ar ddydd Sul ym mis Tachwedd, gwasgwyd tua phymtheg ar hugain o bobl a phlant i mewn – doedd 'na ddim lle i gŵn na meirch yn yr ystafell fach, fach, boeth, boeth! Cawson nhw i gyd eu cau yn yr ystafell fechan y tu ôl i ddrws gwydr i ganu. Dechreuodd pethau'n o lew ond twymodd fwy fyth yn yr ystafell gyfyng oherwydd gwres pobl. Llewygodd dwy neu dair o'r merched a bu'n rhaid eu cario allan am awyr iach, roc a rôl 'ta be!

Ond roedd yn rhaid dal ati a chafodd Bob, Gwenda a Lowri ryw fath o drefn ar bawb, a chaed cryno ddisg. Cawsom lwyddiant hefo'r sioe a chaed tair noson yn neuadd orlawn Ysgol Botwnnog. Daeth dros fil o bobl i weld y cynhyrchiad, a gwerthwyd y cryno ddisgiau i gyd.

Y flwyddyn ganlynol *Rhigymau Bwrw Gwmwd*, wedi'i selio ar chwedl Cantre'r Gwaelod oedd gynnon ni, a'r flwyddyn wedyn hanes smyglo ym Mhen Llŷn, *Ar Dywod Arian*. Bu tair sioe arall *Yn y Gwraidd*, *Draw Drwy'r Drych* a *Dal Ynom Mae'r Dolenni*, y cyfan yr un mor llwyddiannus â'r gyntaf, gyda Nia a Gwenda'n cyfansoddi'r rhan fwyaf o'r alawon, ambell un gan Alaw, ac un gan yr amryddawn Tudur Huws Jones, ar eiriau a rois iddo un penwythnos yng Ngŵyl Pen Draw'r Byd. Prysurdeb Gwenda a diffyg amser ganddi i ddysgu'r cantorion a ddaeth â'r sioe i ben yn y diwedd, ond teimlaf weithiau ar ambell i funud wan, er ei fod yn llawer iawn o waith caled, yr hoffwn ei hatgyfodi.

Byddem yn ceisio cynnwys tipyn go lew o hiwmor yn y cynyrchiadau, a dyma'r math o beth y byddwn i'n ei ysgrifennu. Magw, y nain a Dicw, ei hŵyr sy'n llefaru yn y darn yma yn un o'r golygfeydd. Tydi'r cyd-destun, fel yn llawer o fy nghreadigaethau, ddim yn berthnasol.

Dicw: Pryd 'da ni am gael cinio Nain, dwi bron â llwgu?
Magw: Cinio, cinio, dw't ti'm 'di treulio dy frecwast eto
           hogyn.
Dicw: Ma 'na oria ers hwnnw. Mi o'n i'n creincia ar ddistyll,
           'ar i g'leuo hi.
Magw: Oeddat, oeddat, ges ti rwbath?
Dicw: Do tad, dau sachaid o grancod a dau gimwch.
Magw: Reit dda chdi. Lwgwn ni ddim am ryw ddiwrnod neu
           ddau eto.
Dicw: Nain dwi'n llwgu rŵan.
Magw: Be gymri di i fyta ta, 'ngwash i?
Dicw: Dwn i'm, be sy 'ma?
Magw: Ma 'na wya.
Dicw: Dwi 'di cael digon ar yr wya cornchwiglod 'na.
Magw: Ma nhw'n iach iawn.
Dicw: Yndyn, dwi'm yn deud, ond mi ges i dri i frecwast.
           Tydw i'm isio nhw bob pryd, nag oes.
Magw: Nag oes, nag oes. Deud ta.
Dicw: Deud be?
Magw: Be gymri di i fyta 'de.
Dicw: 'Sna ham ar ôl?
Magw: Ham a rôl? Dwn i'm.
Dicw: Pam nag ewch chi i sbio ta?
Magw yn mynd i'r cwpwrdd i edrych.
Magw: Nag oes, does 'na'm rôl, ond ma 'na ham ar ôl.
Dicw: Dyna ofynnish i 'de.
Magw: Be?
Dicw: Os oedd 'na ham ar ôl?
Magw: Dwi di deud unwaith do, do's 'na mond ham, do's
           'na'm rôl ar ôl.
Dicw: Dwi'm isio rôl, nag o's.
Magw: I be ti'n gofyn ta?
Dicw: Gofyn be?
Magw: Gofyn am ham a rôl.
Dicw: Nesh i ddim.
Magw: Do, mi wnest ti.
Dicw: Naddo.
Magw: Wel do, 'sa ham a rôl,' medda chdi.
Dicw: Naddo Nain, gofyn os oedd 'na ham ar ôl nesh i.
Magw: Wel does dim.

Dicw: Dim be?
Magw: Dim rôl ar ôl.
Dicw: Nac oes ond ma 'na ham ar ôl, does?
Magw: O oes, ma 'na ddigon o ham ar ôl, ond does 'na ddim
             ham a rôl nag oes?
Dicw: Nag oes, ond do'n i'm isio rôl nag own.
Magw: Oeddat 'yn tad, 'sna ham a rôl, medda chdi.
Dicw: Nage, nage, sa ham *ar ôl* ddudish i.
Magw: Wel do's 'na ddim.
Dicw: Wel oes, 'da chi newydd ddeud.
Magw: Deud be dwad, do's 'na'm rôl ar ôl.
Dicw: Nag oes ond ma 'na ddigon o ham, 'yn does.
Magw: Oes, oes, digon o ham ar ôl.
Dicw: Mae'n iawn felly tydi.
Magw: Yndi, pam na fasat ti'n deud yn iawn yn dechra yr
             hen beth gwirion. Ti isio brechdan?
Dicw: Ia, does 'na'm rôl ar ôl, nag oes.

Mai fy chwaer a Gwion acw oedd yn actio, ac am fod y
geiriau mor debyg i'w gilydd, er mor fyr oedd o, roedd o'n
ddarn anodd iawn i'w ddysgu, ond cawson nhw hwyl dda
iawn arni. I ddilyn yr olygfa roedd Gwion yn canu, cân o'r
enw 'Ham a Rôl', yn hytrach na roc a rôl yntê.

Mewn un arall o'r sioeau cawsom ein barnu am fod yn
hiliol gan rai pobl. Roedd cwpl o India yn ymddangos, Mr a
Mrs Sing, sef Huw Meillionydd ac Elen.

Bûm yn hir yn meddwl sut i gyfleu acen a goslef y wlad
honno trwy gyfrwng y Gymraeg, a cherddwn o gwmpas y tŷ
'cw yn siarad â mi fy hun yn arbrofi ag arddulliau gwahanol.
Ac yna daeth i mi wrth ysgrifennu pennill telyn. Mae o'r
un mydr yn union â phenillion ac mae pethau wastad yn
ddigrifach os ydyn nhw'n odli, rhywbeth fel hyn:

Mr Sing: Wel dyma ni yma.
Mrs Sing: Ia dyma ni yma.
Mrs Sing: Ond i be yndê?
Mr Sing: Wyt ti yn siŵr na tyda ni'n hŵr?

Mrs Sing: Ydw dwi'n siŵr na tyda ni'n hŵr. Dwi 'di deud lawer gwaith, 'di mond chwarter i saith.

Mr Sing: O gwranda ti'n clywad. Ma 'na rywun yn dŵad.

Mrs Sing: Rav bach, paid â phoeni, tydi o'n neb, dim ond Toni.

Mr Sing: Pupur a Halen, Toni Deiniolen, ti 'di colli dy wynt. Sa well cychwyn yn gynt.

Toni: Na, na, mi dwi'n iawn. Dwi 'di rhedag drw'r pnawn.

Mrs Sing: O Toni bach tlws, ma 'na rywun yn drws.

Arthur: Ravi, duwch Toni sut wyt ti erstalwm, a chditha Indira?

Mr Sing: A rŵan ta hogia. Pam rydan ni yma?

Arthur: Wedi cael Secs... ym tecs.

Mrs Sing: W tecs ta secs ti'n feddwl, Arthur? G'na dy eiria yn fwy eglur.

Mr Sing: Ia cael tecs i ddwâd yma. Dyna wir a gawsom ninna. Ac fe ddaethom yn yr Astra. Galw wnaethom wrth fynd adra.

MRS SING YN MYND AT Y FFENESTR

Mrs Sing: Gwelaf ddau ar dandem melyn, wedi dod mae Fal a Melfyn.

Arthur: Yr hipis?

Mrs Sing: Ma nhw'n dwad ar fy llw, ac Anti Jini hefo nhw.

Ac ymlaen fel'na yr aeth yr olygfa. Un cwpled cofiadwy arall a lefarodd Mrs Sing oedd:

Ravi, Ravi pwy 'di hwn?
A pham ei fod yn cario gwn.

Ar ôl imi ysgrifennu ychydig ffoniais Gwenda i edrych beth oedd hi'n feddwl ohonyn nhw, a'u llefaru mewn acen Indiaidd wrth gwrs. Roeddwn i'n eu gweld nhw'n ddoniol iawn, ond roedd angen barn rhywun arall. Dwn i ddim yn iawn be oedd hi'n feddwl ond o leiaf fe chwarddodd, er doedd hi ddim yn siŵr sut byddai'r gynulleidfa'n ymateb, a'r un oedd barn Lowri, ond ces fy ffordd fy hun ac aed ymlaen â'r syniad.

Pan ddaeth yn noson y llwyfannu roedd Huw ac Elen yn ddigon o ryfeddod yn y tyrban a'r sari, ac wedi'u gorchuddio â browning neu rywbeth cyffelyb i dywyllu eu crwyn. Roedd golwg y ddau yn ddigon a bu'n rhaid dal y llefaru yn ôl gan fod cymaint o sŵn yn yr ymateb, ond pan ddechreuson nhw lefaru roedd y gynulleidfa yn eu dyblau. Yn ddi-os dyna'r adwaith gorau ges i i unrhyw beth a ysgrifennais erioed, ac mae rhai'n dal i sôn am Mr a Mrs Sing hyd heddiw. A phan gaiff rhywun a welodd y sioeau ei gyfle, bydd yn aml yn holi'r cwestiwn "Sa ham ar ôl?'

Ond doedd pawb ddim yn hapus â'r cwpl dedwydd o Asia. Pan wnaethom gais am arian i lwyfannu sioe y flwyddyn wedyn, rhybuddiwyd ni na chaem gymorth os oedden ni am fychanu pobl o gefndir ethnig â deunydd a oedd yn ymylu ar fod yn hiliol. Ein hymateb oedd mai'r unig rai y gwnaethom hwyl am eu pennau oedd ni ein hunain, ac nad oedd diferyn o hiliaeth yn ein perfformiad.

17

Llŷr yn Gadael Cartref

ROEDD LLŶR BELLACH bron yn bymtheg oed ac wedi dechrau gweithio ar y cwch a gludai bobl i Enlli. Bu ar y cwch am dri haf ac roedd wrth ei fodd. Pan ddaeth yn adeg gadael ysgol doedd 'na ddim ond un swydd roedd am ei dilyn – mynd ar y môr. Gwnaeth gais i ymuno â'r RFA, Royal Fleet Auxiliary, y llongau sy'n cario nwyddau i'r llynges. Bûm ag o am gyfweliad i Fanceinion ond doedd o ddim yn gwybod beth y disgwylid iddo'i wneud yn y cyfweliad ac felly doedd dim gobaith ganddo baratoi. Roedd angen adnabod llongau'r cwmni wedi iddyn nhw ddangos siliwét ohonyn nhw. Doedd o erioed wedi'u gweld o'r blaen, heb sôn am eu henwi, ond eto roedd yn brofiad da iddo.

Aeth i weithio dros dro i gwmni adeiladu Alan, brawd-yng-nghyfraith Elen, wrth ddisgwyl am ymateb gan gwmnïau eraill. Cafodd gyfweliad cyn hir hefo cwmni Clyde Marine Training yn Glasgow a derbyniwyd o i ddechrau yn Ngholeg Morwrol South Shields y mis Medi canlynol. Cwmni o Norwy, Farstad Shipping oedd yn ei noddi drwy'r coleg ac wedyn byddai'n rhaid iddo weithio iddyn nhw am gyfnod o ddwy flynedd o leiaf.

Saer cychod, un da iawn, oedd Elwyn brawd Elen, a byddai hefyd yn cludo pobl i'r Wylfa Adar ar Enlli a'u dychwelyd yn ôl. Aelodau'r Wylfa oedd piau'r cwch a ddefnyddiai i wneud y gwaith hwnnw, Dory coch o'r enw *Invader*. Câi g'willa hefo'r cwch hefyd a byddai i'w weld yn aml ar bignos yng ngheg y Borth yn rhoi ysbail y dydd yn ei gawell cadw. Ni ddôi i'r lan nes ei bod bron â nosi – doedd amser yn golygu dim iddo. Roedd yn fawr ei barch gan bobl yr Wylfa, a phan welwyd bod eisiau cwch mwy at y gwaith, gofynnwyd iddo ddewis pa fath o gwch yr hoffai ei gael. BJR newydd, tua dwy droedfedd ar hugain a gafwyd, a'r rhan fwyaf o'r gwaith wedi'i wneud arno, ond roedd Elwyn i'w orffen at ei ddant ei hun. Aed ag o i sièd yng Nghefnhedog, Rhoshirwaun i weithio arno.

Cyn iddo gael cyfle i fynd i'r afael ag o fe'i trawyd gan afiechyd blin.

Gofynnodd un o'r pysgotwyr i mi beth oedd yn bod arno, ond wyddwn i ddim am ei gyflwr tan iddo holi. Roedd, meddai'r gŵr, yn ymddangos fel petai'n feddw ar brydiau. Trawai yn erbyn cychod yn y Borth hefo'i fan, ac ymddangosai fel petai'n methu penderfynu ai ymlaen ynteu am yn ôl roedd am fynd. Byddai hefyd yn gyrru'n araf iawn ar hyd y lôn am y Borth a thuag adref i Garn Fadryn. Bu'n rhaid iddo roi'r gorau i'w waith fel y gwaethygodd y cyflwr a bu'n rhaid iddo fynd i ysbyty Bryn Beryl, Pwllheli. Yno y bu farw ym mis Mai 1998 yn ddim ond 39 mlwydd oed. Yr aflwydd a'i trawodd mor greulon oedd New Variant CJD. Gadawodd wraig, Annie a phedwar o blant, Dylan, Daron, Ffion a Sioned. Dyma englyn er cof amdano:

O anterth y rhyferthwy – yn y Swnt,
   Trwy y swel, tros drothwy
I hafan, y man lle mwy
Oeda, yng ngheg Porth Meudwy.

Roedd Anwen, ei fam hefyd yn wael ar y pryd, a chafodd wybod bod cancr arni yr un flwyddyn ag y bu Elwyn farw. Roedd yn ddynes ddewr iawn na cheisiai guddio beth oedd ei hafiechyd o gwbl, ond ei drafod heb flewyn ar dafod, a'i hagwedd yn gryf gadarnhaol hyd y diwedd.

Yn un o'r tai teras bychain sydd ar y copa cyn cychwyn i lawr am Nant Gwrtheyrn roedd wedi treulio blynyddoedd cynnar ei bywyd, a'i thad yn gweithio yn un o chwareli'r fro nes y bu farw yn 27 oed. Wedyn symudodd ei mam a hithau i Tŷ'r Ardd, Tyddyn Sion, ac yno y bu'n byw nes symud i Dan y Fron ac wedyn i Blas Minffordd, ar ôl priodi.

Ei phlant a'i hwyrion a'i hwyresau oedd ei byd, a hi oedd y ddynes a wnâi'r grefi gorau flasais i erioed. Awn i ag Elen a Gwern yno pan oedd yn wael iawn, ac roedd ganddi wên i'r bychan hyd yn oed yn y dyddiau tywyll diobaith hynny. Bu farw ym mis Tachwedd yr un flwyddyn ag y collwyd Elwyn, a bu, ac mae, colled enfawr ar ei hôl ar yr aelwyd ym Mhlas Minffordd.

Roedd John, tad Elen, wedi ymddeol o'i waith yn yr orsaf radar. Ymgeisiais am y swydd wag yno a'i chael. Byddwn yno o bump y prynhawn tan wyth o'r gloch y bore ddwy neu dair noson yr wythnos. Roedd 'na dri ohonon ni'n cymryd ein tro a byddai disgwyl i ni fod yno ar ddydd Sadwrn a dydd Sul hefyd. Cadw llygad ar y lle roedden ni a'r cyfan roedd disgwyl i ni ei wneud oedd galw camp Llanbedr ar y radio ar yr awr, bob awr. Gweddai'r swydd i'r dim i mi gan fod gen i ddiwrnodau rhydd i fynd ar y môr ac i wneud ychydig o waith barbio ac ati, a bûm yno hyd nes penderfynwyd yn 2007 nad oedd ein hangen ni na'r gweithwyr dydd yno ac y medrid gwneud y gwaith o Aberporth. Gan y byddai gen i ddigon o amser i mi fy hun yno, cawn farddoni, sgwennu dramâu, darllen neu wneud cewyll heb i neb amharu arnaf, a bu'n gyfnod go gynhyrchiol yn fy hanes.

Daeth yn amser i Llŷr fynd i'r coleg, felly roedd yn rhaid ei ddanfon. Penderfynodd John ddod hefo ni gan fod ganddo deulu yn Hartlepool. Ei frawd, Robin Dafydd oedd yn byw yno, cyfaill mawr i'm tad, oedd wedi syrthio mewn cariad ac wedi priodi Enid, un o ogledd ddwyrain Lloegr a fu yn y

WAFF's yn Llŷn adeg y rhyfel. Buont yn byw mewn tŷ bychan ar ochr Mynydd Anelog am ychydig cyn symud i Hartlepool. Ac yno y buon nhw'n byw, er y bydden nhw a'u plant yn dod i Lŷn yn flynyddol. Âi teulu Plas Minffordd i ymweld â hwythau hefyd yn eu tro ac mae gan Elen atgofion o fynd i rasys ceffylau yn Redcar ac ymweld â Whitby, Whitley Bay ac Amgueddfa drenau Beamish.

Bu Robin farw ar ymweliad â Phlas Minffordd ychydig fisoedd cyn i Elen a minnau briodi, ond doedd John ddim am golli'r cyfle i weld ei chwaer-yng-nghyfraith, ei neiaint a'i nith, a ninnau'n mynd mor agos atyn nhw.

Wedi marw Elwyn roeddwn wedi prynu'r cwch nad oedd wedi'i orffen gan bwyllgor Gwylfa Adar Cristin Enlli, ac erbyn hynny wedi dechrau gweithio arno ac eisiau gwydr ffeibr at y gwaith. Gan ein bod yn pasio ger Southport wrth fynd â Llŷr i'r coleg, gelwais yn siop anferth Glasplies yno ar fy ffordd, gan y byddai wedi cau erbyn y down adref.

Elen, John, Llŷr, Gwern a minnau oedd yn yr hen Volvo, a gêr Llŷr i gyd, ond medrais wasgu dwy jar o resin i'r cefn, ac i ffwrdd â ni am South Shields. Y drwg hefo resin gwydr ffeibr ydy fod 'na arogl go gryf arno, a chan ei fod yn symud yn y jariau, roedd sŵn fel petai rhywun yn chwarae bongos yn y cefn. Do, clywais lawer gwaith ar y siwrnai honno gymaint gwell y buasai pe bawn wedi mynd i nôl yr hylif drewllyd ar ryw ddiwrnod arall, ac ar fy mhen fy hun.

Rhoed John i lawr yn Hartlepool a chawson ninnau groeso mawr a boliad o fwyd gan y teulu. Yna aethon ni ymlaen am South Shields, ar ôl gwneud trefniadau ynglŷn â lle i'w gyfarfod ar y ffordd adref. Roedd un o'r teulu am ddod ag o i'n cyfarfod.

Lle dieithr iawn i mi oedd y gogledd ddwyrain. Doeddwn i erioed wedi bod yno, er fy mod yn adnabod enwau'r trefi a'r dinasoedd. Wrth fynd heibio i dwnnel Tyne gwelais arwydd

Jarrow a chofio am hanes y gorymdeithwyr a gerddodd oddi yno i Lundain i gwyno am yr amgylchiadau roedden nhw'n gorfod byw ynddyn nhw – yr *hunger marchers* fel yr adwaenir hwy.

Ychydig filltiroedd wedyn a dyna ni yn South Shields. Cafwyd hyd i'r coleg yn ddigon di-lol ac aethon ni i weld ei ystafell – rhyw flwch matsys o le a dim i'w weld trwy'r ffenestr oedd iddi. Mae'n debyg eu bod yn cael eu rhoi mewn ystafelloedd mor fychan er mwyn iddyn nhw arfer a chynefino â byw mewn lle cyfyng, gan eu bod yn debyg o ran maint i gabanau llongau.

Doedd 'na ddim amser i lusgo a chicio'n sodlau yno, achos roedd taith chwe awr gynnon ni tuag adref. Rhaid oedd ffarwelio â Llŷr a chollwyd ambell ddeigryn – gan ei fam wrth reswm! Yna cychwyn tua thre ac arogleuon hyfryd y resin lond ein ffroenau a'r tom-toms yn atseinio yn ein clustiau wedi i ni gael gafael ar John ger Peterlee.

Roedd cwrs Llŷr wedi'i rannu'n gyfnodau o dri mis yn y coleg, tri mis ar y môr, yna yn ôl yn y coleg ac ymlaen felly. Gan na fuasen ni'n ei weld am gyfnod go hir felly penderfynwyd mynd i edrych amdano ar benwythnos cyntaf gwyliau'r Diolchgarwch. Aeth Owain, Gwion, Gwern, Elen a minnau, gan fynd gefn nos er mwyn i'r plant gael cysgu, a pheidio â swnian a bod yn boen.

Y cynllun oedd cael gwely a brecwast ar y nos Sadwrn a dod adref ar bnawn Sul. Fel roedden ni'n mynd i mewn i'r dref roedd 'na faner fawr ar y bont yn datgan, SOUTH SHIELDS WELCOMES RUNNERS FOR THE GREAT NORTH RUN. Wel dyna socsan i'n gobaith o gael lle i aros. Buom yn crwydro'r dref a'r cyrion y Sadwrn hwnnw, yn chwilio am lety 'a'r nos yn nesáu', ond yr un oedd yr hanes ym mhobman. Byddai'r rhedwyr yn archebu lle i aros at y flwyddyn nesaf wrth adael bob blwyddyn. Wedi anobeithio am ychydig, gwnaethon ni'r hyn y bydden ni'n arfer ei wneud mewn sefyllfa debyg, sef troi i mewn i'r dafarn agosaf. Arferai Llŷr fynychu'r ffynnon arbennig honno ac felly roedd y tafarnwr a'i wraig yn ei adnabod. Adroddodd chwedl ein helbul wrthyn nhw a sylwais ar ryw hen ddynes fach yn ei hwythdegau reit siŵr, oedd yn cael gwydraid wrth y bar, yn codi ei chlustiau. Cafodd air sydyn â'r tafarnwr, a daeth hwnnw atom a dweud bod ganddi ystafell ag un gwely dwbl yn ei thŷ os byddai hynny o ryw gymorth i ni. Aethon ni hefo hi i'w chartref – tŷ llochesol ar stad fawr, a chloeon ymhob man.

Drwy lwc roedd yn wely go fawr a gwasgwyd pawb iddo, rhai yn y pen a rhai yn y traed, a chafwyd noson burion o gwsg. Deffrodd pawb yn weddol gynnar ar y bore Sul, a daeth gwraig y tŷ i weld a oedd popeth yn iawn a chael ei fod. 'I'll cook you some breakfast,' meddai, ac wedyn dyma hi'n gwneud rhywbeth na welais neb erioed yn ei wneud cynt na chwedyn. Gafaelodd yn y gorchudd uchaf oedd ar y gwely, ei dynnu i ffwrdd, a'i roi ar y bwrdd, fel lliain! Cawson ni frecwast blasus ganddi oddi ar y gorchudd amlbwrpas, telais iddi, diolch am ei charedigrwydd a ffarwelio â'r un a roddodd lety i ni a hithau ddim yn ein hadnabod nac yn gwybod dim amdanon ni.

Wedyn aed i chwilio am Llŷr a mynd i lawr at lan y môr. Roedd 'na lecyn go helaeth o dir glas ger y traeth ac ar hwnnw roedd pabell enfawr, cymaint â phafiliwn yr Eisteddfod. Dyma ble roedd ras fawr y gogledd yn terfynu. Tra buon ni yno, prysurodd miloedd ar filoedd o bobl yno drwy'r dydd i weld y ras ac i gefnogi'r rhedwyr.

Daeth yn bryd troi am adref a ffarwelio â Llŷr. Roedd i'w weld yn dod ymlaen yn o dda yno, a chanmolai gynhesrwydd y bobl. Byddai'n ffonio adref weithiau, ac unwaith, pan wnaeth, doedd 'na ddim i'w glywed ond cyrn ceir yn canu'n ddi-baid. Trwy'r sŵn clywais o'n dweud bod y lle'n wallgof, gan fod Newcastle wedi curo'r hen elyn cyfagos, Sunderland, o bump neu chwe gôl, a chaed noson i'w chofio.

Hanesyn arall a gawn ganddo erbyn hyn yw hanes 'ecky thump'. Roedd hefo criw o hogia o Swydd Efrog mewn tafarn ryw noson ac yng nghanol sgwrs, digwyddodd un ohonyn nhw ddweud, 'ecky thump', fel ebychiad am wn i. Ac meddai'r Cymro bach o ben draw'r byd 'EGITHWMP, EGITHWMP, I know what egithwmp is,' gan geisio gwneud argraff ar y Saeson. 'O aye'. 'Yes'. 'O aye, what is it then?' 'It's, it's...' ac roedd o'n dechrau amau ei hun rŵan, ond roedd hi'n rhy hwyr i dynnu 'nôl. 'It's, it's a form of martial art practised in Yorkshire.' Roedd pawb yn gwrando arno fo erbyn hyn. 'O aye, martial art is it?' 'Yes?' 'Who told you lad?' 'My father.' 'Hey lads did you hear that, this cunt, this Welsh cunt reckons ecky thump's a fucking form of martial art,' cos his fucking father told him.' Roedd yr hogia i gyd yn glanna chwerthin am ei ben, ac yntau'n teimlo fel pen pin ar ôl ceisio gwneud argraff arnyn nhw. Bob tro y bydd o'n dweud y stori, mi fydd yn ychwanegu, 'Arnat ti roedd y bai, Dad, chdi ddeudodd wrtha i.' Ac erbyn hyn mae gen i ryw frith gof o ymgom ar sioe'r Goodies pan oedden nhw'n actio dynion o Swydd Efrog yn gwisgo capiau stabal enfawr, a'u doniau arbennig oedd 'ecky thump'. Ella ei fod wedi gofyn i mi rywdro beth oedd o a 'mod innau wedi dweud, 'Martial art o Yorkshire,' fel jôc, ond fu'r wybodaeth honno fawr o gymorth iddo a châi ei atgoffa gan yr hogia am ei gamwedd yn aml wedi hynny.

Ces stori dda arall gan Llŷr am y morwr 'ma, o Tsieina os cofiaf yn iawn. Y fo fyddai'n edrych ar ôl Capten y llong a beth bynnag a fynnai, dôi ag o iddo. Sawl gwaith mewn diwrnod dôi â phaned o de, a'r Capten yn canmol y te a gâi yn gyson. Rŵan byddai'n dod â'r cwpan i fyny o'r gali, dringo sawl set o risiau a mynd trwy aml i ddrws cyn cyrraedd y Capten. Byddai rhai o'r criw a'r swyddogion yn methu â deall sut roedd hi'n bosib iddo gadw ei gydbwysedd cystal, yn enwedig mewn storm. Felly aed ati i sbecian arno ar ei daith o'r gali i fyny. Dôi allan o'r gali â'r mŵg yn ei law, a chyn cychwyn i fyny'r grisiau cyntaf gwelodd y sbeciwr o'n cymryd llwnc go helaeth o'r te, cyn esgyn y grisiau hynny a'r gweddill oedd rhwng y gali a phont y llong. Cyn mynd i mewn i'r ystafell arhosai am ennyd i boeri'r hylif o'i geg yn ôl i'r mŵg, a dyna fo, paned lawn arall i'r Capten.

Un da am storïau 'di Llŷr. Dôi adref ambell i benwythnos, ac ar un o'r achlysuron hyn dechreuodd ganlyn hefo Awen Griffith o Fryncroes, a oedd ar y pryd yn Ysgol Botwnnog, ac mae'r ddau'n dal hefo'i gilydd.

18

Ffilmio a Helyntion Cai a Cian

GORFFENNWYD Y CWCH newydd erbyn y gwanwyn canlynol a phrynwyd peiriant pwerus i'w yrru. Roedd 'na fwy o le i weithio arno na'r amryfal gychod a fu gen i cynt ac aed ati i 'sgota hefo fo.

Ces alwad ffôn gan rywun yn HTV yn holi a fuaswn yn fodlon i'r cwch gael ei ddefnyddio mewn ffilm oedd ar fin cael ei gwneud ar Ynys Enlli ac ar y môr o'i chwmpas. Cytunais ar ôl trafod tâl ac yn y blaen, a chytuno hefyd y byddwn i a'r cwch ar gael drwy'r wythnos ganlynol. Edrychais ar ragolygon y tywydd ar y nos Sul a gweld nad oedd gobaith mynd drosodd i'r ynys ar y dydd Llun, a fawr o obaith chwaith ar y dydd Mawrth. Ac felly y bu hi, yn wyntog iawn ar y Llun a hyd at amser cinio dydd Mawrth, ond pan ddaeth y trai brynhawn Mawrth torrodd y tywydd a brafiodd yn raddol. Roedd y cynhyrchwyr yn daer i mi fynd gan eu bod wedi colli'r dydd Llun yn barod. Roeddwn yn amheus a ddaliai'r tywydd, ac roedd 'na deidiau mawr, ond nhw oedd yn talu. Es i a Cian drosodd tua thri o'r gloch y prynhawn. Daeth Dafydd Phillips yn ei gwch o fel cwch diogelwch, a hefyd roedd cwch cario pobl i Enlli, *Highlander*, yno i gael ffilmio rhai golygfeydd oddi arno. Aethon ni ddim â bwyd hefo ni gan fod y cwmni wedi addo ein bwydo. Cawson ychydig o swper tua phump o'r gloch cyn mynd ati i ffilmio. Dechreuwyd yn ddeheuig ond roedd 'na ormod o bobl ar y cwch, ac oherwydd gofynion ffilmio, roedden nhw i gyd heblaw pwy bynnag oedd yn y llun, yn symud i'r un cwr o'r cwch. Rŵan tydw i ddim yn gwybod llawer am anianeg, sut mae pethau'n arnofio, ond mi wn os oes chwech o bobl ar un ochr a dim ond un ar yr ochr arall na wnaiff cwch eistedd yn daclus ar y dŵr.

Roedd y gwynt yn codi eto hefo'r llanw ac roedd tonnau mawrion yn barod ar ôl tywydd drwg y dyddiau cynt. Hefyd roedd Elis, yr actor oedd yn llywio'r cwch, yn hollol ddibrofiad, ac nid o gwmpas Enlli mewn tywydd drwg ydy'r lle i ddysgu. Diolch byth fe aeth y tywydd yn rhy hegar ac roedd ar nosi pan benderfynon nhw eu bod wedi cael digon am y dydd ac aethon ni i'r lan i'r Cafn. Erbyn hyn roedd yn rhy hegar i mi feddwl am groesi'r Swnt y noson honno, a chlymais y cwch, *Harri Morgan*, wrth y cei. Arhosodd Dafydd Phillips hefyd, ond aeth Tony Bruce a'r *Highlander* yn ôl am y tir mawr. Clywais ymhen dyddiau wedyn ei fod o a'i deithwyr wedi cael diawl o fordaith tuag adref.

Yn ôl ar Enlli roedd yn rhaid i mi aros hefo'r cwch wrth y cei gan fod y llanw mawr yn dal i godi, ac erbyn gorllanw daeth dros y cei. Aeth Cian i barti a gynhaliwyd yn ffermdy Nant gan y criw ffilmio. Ar ôl i'r llanw droi, medrais wasgu i du blaen y cwch i geisio cael ychydig o gwsg. Rydw i'n un da am gysgu ac yn gysgwr swnllyd, meddan nhw, yn wir bydd Meinir Giatgoch yn fy atgoffa yn aml ei bod wedi achub fy mywyd un tro yng Ngŵyl y Cnapan. Yn ei hôl hi roeddwn yn chwyrnu mor uchel yn fy mhabell nes bod fy nghymydog o dan ddefnydd am roi fy mhabell ar dân gan ei fod yn methu cysgu oherwydd y sŵn. Ond achubodd Meinir y dydd, neu'r nos yn yr achos yma, ac achub fy mywyd… medda hi.

Roeddwn yn cysgu fel twrch yn nhu blaen y cwch pan ddihunwyd fi'n ddisymwth gan sŵn erchyll, fel degau o fabanod yn wylofain ar yr un pryd. Es allan o'm clwydfan a sylweddoli mai adar drycin Manaw oedd yn achosi'r holl stŵr. Mae golau'r goleudy'n eu denu yn ôl i'r ynys yn nosweithiol i glwydo mewn tyllau, megis tyllau cwningod.

Darllenais wedyn fod y Llychlynwyr wedi glanio ar Ynys Manaw flynyddoedd yn ôl, a phan glywsant sŵn yr adar, credent mai ysbrydion morwyr colledig oedden nhw, a dychryn a gadael yr ynys, heb ddychwelyd:

Adar Drycin Manaw
Wedi i'r haul waedu'r heli – a nos
   Yn ynysu Enlli,
   Llef eneidiau coll y lli
   Fydd ar lonydd goleuni.

Daeth yn fore, a daeth Cian a Guto Glyn, ei bartner yn y parti'r noson cynt, yn ôl i'r cwch, a llond bocs mawr o gwrw ganddyn nhw. Gan fy mod wedi methu mynd i'r parti roedd yn ddigon teg, yn fy nhyb i. Holais a oedd 'na ryw olwg o frecwast. Aethon nhw'n ôl i'r tŷ i edrych, a dychwelyd i'm hysbysu nad oedd bwyd ar ôl i mi, ond y buasai'r criw ffilmio'n trefnu rhywbeth. Roedd yn dal yn rhy hegar i groesi am adref. Ces neges ymhen hir a hwyr i fynd i Tŷ Pella, ac y cawn bryd yn y fan honno. Daeth Cian a Dafydd Phillips a'i wraig hefo mi, ac wy ar dost oedd yr arlwy, ond sôn am wyau, tri ohonyn nhw yr un i ni ar y bara, a'r melynwy'n oren, oren, yr un lliw â'r wyau gwylanod a heliai fy nhad flynyddoedd yn ôl. Aed ati'n awchus i ymosod ar yr ymborth a'i olchi i lawr â sawl cwpanaid o de. Wedyn aethon ni i lawr at y cychod. Roedd yn dal braidd yn hegar ond penderfynon ni groesi gan nad oedd y rhagolygon yn dda am y diwrnodau canlynol beth bynnag.

Gwynt go gryf o'r gorllewin oedd 'na pan gychwynnon ni. Roedd yr ynys yn gysgod am ychydig yna tua chwarter y ffordd ar draws y Swnt dyma ddechrau cael ein hysgwyd a pharhaodd hynny am weddill y fordaith i Benycil. Er bod y ddau gwch yn weddol agos at ei gilydd, anaml iawn y medren ni weld y cwch arall gan mor uchel oedd y tonnau. Ond wedi i ni fynd heibio Penycil roedd fel petaen ni mewn byd arall yng nghysgod y tir, a chawson ddŵr digynnwrf hyd at y Borth, a chael cysgu mewn gwely braf y noson honno. *Diwrnod Hollol Mindblowing Heddiw* oedd enw'r ffilm, a gwelais hi ymhen y rhawg. Rwy bron â dweud mai *Harri Morgan* oedd y peth gorau yn y ffilm!

Bellach roedd Cai yn chwilio am rywbeth i'w wneud ar ôl iddo adael yr ysgol, ac fel llawer iawn yn yr oed yna, doedd o ddim yn gwybod beth oedd o am ei wneud. Aeth i Goleg Meirion Dwyfor a dilyn cwrs peirianneg, ond ar ôl bod yno am flwyddyn derbyniwyd o i'r un coleg â Llŷr, o dan ofal Clyde Marine Training a chael ei noddi drwy'r coleg gan gwmni P&O. Danfonodd Elen a minnau o yno a gadawyd o yng ngofal ei frawd mawr.

Hefyd gadawodd Cian yr ysgol a chael gwaith fel adeiladwr hefo cwmni Vaughan, a mynychu coleg hyfforddi ym Mangor am gyfnod o'i brentisiaeth. Cafodd o hefyd gwch bychan coed i chwarae hefo fo, a pheiriant arno. Roeddwn i'n gweithio yn y Rhiw rhyw ddiwrnod pan ffoniodd o fi i ofyn a gâi o fynd ar y môr a rhai o'i ffrindiau hefo fo. Gan ei bod yn hafddydd braf a digon o gychod o gwmpas, cytunais, a dweud wrtho am gofio rhoi pwt o raff wrth roi'r peiriant yn sownd ar y starn a'i chlymu yn y cwch rhag ofn iddo godi a disgyn i'r môr.

Canodd y ffôn ymhen rhyw ddwy awr. Ei fam oedd yno yn dweud bod Cian wedi colli'r peiriant i'r dwfn.

'Oedd o wedi rhoi pwt o raff?'

'Nag oedd.'

Ar ôl i mi fod yn rhefru am ychydig, neu efallai am fwy nag ychydig amser, dywedodd Elen fod Alun Dwyros, a fyddai'n nofio tanddwr, am fynd i chwilio amdani.

'Ydan nhw'n gwbod lle mae o?'

'Dwn i'm.'

'Waeth iddo fo heb sdi,'

'Gad iddo fo drio wir.'

'Iawn, gwnewch fel leciwch chi.'

Bu Alun yn chwilio yn y gwymon hir, *kelp*, sydd ar waelod y môr, a phan oedd ar roi'r gorau iddi, cafodd gip arno trwy gongl ei lygad, y peiriant bach du yn ei dranc. Doed â fo i'r wyneb a mynd â fo ar frys at y meddyg peiriannau mewn argyfwng i Abersoch, lle'r adfywiwyd o, a bu'n gyrru'r cwch bach am dymhorau wedyn.

Adeg Jiwbili hanner cant brenhines Lloegr oedd hi, ac fel mae'r Saeson 'ma'n gwneud, roedden nhw wedi codi Jac yr Undeb ym Maes Carafanau Dwyros. Roedd 'na hen herio wedi bod rhwng y criw ifanc yn y tafarndai yn y pentre yn slensio ei gilydd ynglŷn â phwy fedrai ei dynnu oddi ar y polyn uchel a'i ddwyn neu ei falu.

Ar eu ffordd adref aeth Cai a Cian i'r gwersyll a chychwyn yn dalog am y mast yn y tywyllwch. Yn sydyn daeth golau fflachlamp ac aeth y ddau fel dwy sgwarnog i'w gwâl a gorwedd ar y cae. Gorweddodd y ddau mor llonydd ag y gallent a gweld mai Alun, y perchennog oedd ar ei rownds. Wedi iddo fynd yn ei flaen rhedodd y ddau nerth eu traed am y clawdd lôn ac ar ôl mynd trosto meddai un wrth y llall,

'Welist ti hwnna?'

'Y boi 'na ti'n feddwl?' atebodd y llall.

'Ia, y boi 'na yn hongian yn y tŷ gwair.'

'A chrys siec gynno fo.'

'Ia.'

Ac yn ôl a ddeudodd y ddau, roedden nhw'n gorwedd yn y cae yn edrych i mewn i'r tŷ gwair. Yr hyn a welsant oedd gŵr a rhaff am ei wddw yn crogi wrth gwpwl yr adeilad, yn union yr un stori gan y ddau, ac maent yn dal i'w dweud hi. Wrth iddyn nhw adrodd yr hanes cofiais fynd i ddanfon gwlân i Ddwyros flynyddoedd ynghynt efo Nhad. Cofiais o'n dweud wrtha i yn yr hoewal lle gadewid y shitiau a'r cnu ynddyn nhw mai yn yr adeilad hwnnw y gwnaeth hwn a hwn, ni chofiaf ei enw, ddiwedd ei hun trwy grogi. Ond nid yn y tŷ gwair lle'r honna'r hogia 'cw iddyn nhw weld y ddrychiolaeth.

Ar achlysur arall roedd y ddau wedi cael penwythnos go hegar ar y cwrw yng Nghaernarfon. Penwythnos Gŵyl y Faenol oedd hi, ac roeddynt wedi bod yn cysgu yng nghanol y blodau ar yr ynys draffig ar y ffordd am Fangor.

Aeth Elen a minnau i noson Tân y Ddraig ar y nos Lun ganlynol, nos Lun Gŵyl y Banc. Gwelsom y meibion afradlon yno, ac wedi sgwrsio am ychydig, meddai un ohonynt, gan bwyntio at boster oedd ar hysbysfwrdd,

'Yli pwy 'di hwnna.'

'Pwy?' meddwn.

'Hwnna ar y poster na'n fan'na.'

'Andrea Bocelli', atebais.

'Nage, nage, ryw Italian dall oedd yn yfad efo ni yn y Black Boy neithiwr 'di hwnna.'

A dyna pwy oedd o, Andrea Bocelli. Fo oedd ar y poster, a fo oedd yr Eidalwr dall a fu'n yfed hefo nhw yn y Black Boy y noson cynt, heb iddynt fod yn gwybod pwy oedd o.

Bu'n rhaid i Elen ymweld â'r ysbyty eto yn niwedd 2001. Nage, nid baban arall, ond cawsai ddamwain a thorri ei sawdl. Bu yn Ysbyty Gwynedd ac yn Ysbyty Maelor, Wrecsam am bythefnos neu fwy, ac ar faglau am fisoedd. Cafodd driniaeth, a rhoddwyd rhywbeth tebyg i olwynion bychain y tu mewn i'r sawdl. Gwellodd yn dda er ei bod yn dal i gael poen ynddi weithiau.

Felly rhyw Nadolig digon rhyfedd fu acw y flwyddyn

honno, hithau ar faglau a John, ei thad a minnau'n gwneud y gorau a fedrem i wneud bwyd, ac yn llwyddo i losgi'r menyn melys. Doedd y Dolig nesa fawr gwell chwaith. Y dyddiau a arweiniai at yr ŵyl roedd hi'n cwyno hefo rhyw hen gnoi yn ei bol yn mynd a dŵad o hyd. Y diwrnod cyn y Dolig roedd yn waelach. Ni chododd o'i gwely o gwbl ac roedd yn taflu i fyny bob hyn a hyn. Doedd hi ddim yn fodlon mynd at y meddyg gan ei bod mor agos at y dydd mawr. 'Fydda i'n well fory, gei di weld.' Ond doedd hi ddim; os rhywbeth roedd hi'n waeth, ac er iddi wneud ymdrech, er mwyn y plant ar ddydd Nadolig bu'n rhaid iddi fynd yn ôl i'r gwely, ac yno y bu drwy ŵyl San Steffan hefyd.

Ail agorodd Meddygfa Rhydbach, Botwnnog drannoeth, ac es â hi yno cyn gynted ag y medrwn. Wedi i'r meddyg ei harchwilio, dywedodd na châi ddod adref, ac y byddai'n rhaid iddi fynd ar ei hunion i Ysbyty Gwynedd. Anfonwyd fi adref i nôl rhyw fanion a dillad nos ac ati iddi, a chymerais yn ganiataol y buasai hi'n mynd rhag blaen mewn ambiwlans. Cyn cychwyn o'n cartref am Fangor, ffoniais y feddygfa i wneud yn siŵr ei bod ar ei ffordd i Fangor, a chael gwybod ei bod hi'n dal ym Motwnnog gan nad oedd ambiwlans ar gael.

Troed ar y sbardun a thân dani am Rydbach, a holi ar ôl cyrraedd pryd roedd 'na ambiwlans yn debygol o ddod i'w nôl. Wyddai neb yn iawn, roedd yn dibynnu ar y peth yma a'r peth arall. Dywedais yr awn â hi yn y car ond doedd neb i'w weld yn hapus hefo hynny chwaith, rhag ofn i rywbeth ddigwydd iddi ar y daith.

Dywedais y derbyniwn y cyfrifoldeb am unrhyw beth a allai ddigwydd – ei chael i Fangor oedd yn bwysig. Yfai'n ddiddiwedd ar y daith ac roeddwn yn falch iawn o weld arwydd Ysbyty Gwynedd, ac yn falchach o'i chael drwy'r drws. Ar ôl ei harchwilio, penderfynwyd cadw llygad arni am y noson honno, a throis am adre'n hapusach fy myd, gan ei bod yn y lle gorau iddi.

Ffoniais yr ysbyty cyn mynd i'm gwely y noson honno a chael ei bod yn y theatr yn cael llawdriniaeth tra siaradwn â nhw. Peritonitis, y coluddyn crog (*appendix*) wedi byrstio a'i gwenwyno a bu'n rhaid iddi gael triniaeth y noson honno neu buasai wedi marw. Dywedwyd wrthyf am ffonio yn ôl fore trannoeth, y buasai ganddyn nhw well syniad o'i chyflwr bryd hynny. Roeddwn wedi dychryn; roeddwn yn gwybod ei bod yn wael, ond nid ar farw chwaith. Beth petai wedi digwydd yn y car ar y ffordd yno? Na, gwell peidio meddwl.

Pan ffoniais drannoeth ces wybod ei bod yn gyfforddus, ond yn dal o dan effaith y cyffuriau, ac yn cysgu. Es i edrych amdani y prynhawn hwnnw a'i gweld yn ddigon cwla o hyd, ond roedd wedi cael gwared ar y gwenwyn o'i chorff, ac roedd yn gwella. Bu yn ei gwely am wythnos neu well, gan fod perygl i'r graith agor pe bai'n sefyll a rhoi pwys arni. Cryfhaodd yn raddol a chael dod adref ymhen pythefnos ond ofer oedd ceisio ei chael i orffwyso neu fynd i'r gwely. Roedd wedi bod yn y fan honno'n ddigon hir yn ei barn hi, ac er na wrandawai arnaf fe wellodd.

Yng Ngŵyl Pen Draw'r Byd yn flynyddol cynhelid ras rwyfo, pawb yn ei gwch a'i griw hefo fo'n rasio o gwmpas bwiau yn y bae, ond cychod trymion ac ara deg oedden nhw. Pan oeddwn yn yr Eisteddfod Genedlaethol yn Nhyddewi yn 2002 aethon ni i lawr i bentref Solfach un noson am swper. Cerddais draw o'r dafarn i gael golwg ar y cychod ar angorion yno, a gwelais adeilad y clwb rhwyfo, a chwch rhwyfo newydd ddod i'r lan gerllaw. Roeddwn yn edmygu'r cwch lluniaidd hwnnw, a daeth un o'r criw ata i am sgwrs. Ces wybod mai 'Celtic longboat' oedd y cwch newydd hardd hwn.

Holais ers faint roedd y clwb yno, ac atebodd y gŵr ei fod

yno ers blynyddoedd. Ond doedd y cwch yma fawr o oed meddyliais, felly holais yn lle roedd y cwch oedd ganddyn nhw cynt.

'O,' meddai, 'mae o mewn rhyw hen dŷ gwair tua dwy filltir i fyny'r lôn.'

Cododd fy nghlustiau. 'Tyda chi ddim yn gwneud dim hefo hwnnw, felly?'

'Na.'

'Fasa chi'n ystyried ei werthu o?'

'Mi hola i'r aelodau, ond dowch hefo mi i'w weld fory,' a rhoes gyfarwyddiadau i mi sut i gyrraedd y fferm.

Es yn ôl i'r dafarn lle roedd Elen a gweddill y criw wedi ffendio fy ngholli.

'Lle buost ti 'ta?'

'Am dro draw yn fan'cw, yn gweld y cychod.'

'Ia ma siŵr. Oedd 'na rai roeddat ti'n eu lecio yna?'

'Oedd, ym...'

'Ym be?'

'Ym, dwi 'di prynu un, dwi'n meddwl.'

''Di prynu un, ond fuost ti ddim ond rhyw ddeng munud.'

'Naddo, wn i.'

Dois o hyd i'r fferm yn ddiffwdan drannoeth a gwelais y cwch. Roedd 'na lwch a baw a gwair a chachu adar ynddo ond edrychai'n iawn i mi. Cwch hir Sir Benfro oedd hwn â phedair rhwyf a llyw, a threlar oddi tano. Dywedodd y gŵr a ddaeth i'w ddangos i mi fod yr aelodau'n fodlon ei werthu am bris go resymol. Prynais o yn y fan a'r lle, a threfnu dod i'w nôl ar ôl y Steddfod, a dyna wnes i ymhen rhyw bythefnos.

Dois ag o adref i Tegfan a'i roi i mewn, o'r golwg. Roeddwn bron â thorri fy mol eisiau ei gael ar y dŵr i gael gweld sut roedd yn morio, a pha mor gyflym oedd o. Doeddwn i ddim eisiau i neb o griwiau'r cychod eraill ei weld tan ddiwrnod y ras. Felly, yn hytrach na'i brofi yn y bae, es i Borthor, o'r golwg, ac ar ôl cael pawb yn eu lle priodol a'r llywiwr ar y cefn a'r rhwyfau'n cadw mydr â'i gilydd, roedd yn mynd fel wennol.

Ar Sadwrn yr Ŵyl aed ag o i Borth Meudwy, ei roi yn y dŵr, y rhwyfwyr yn eu lle a'r llywiwr yn anelu am fan cychwyn y ras. Roedd y cychod eraill allan yn barod, ac aethon ni tuag atyn nhw er mwyn dangos ein hunain yn gwibio heibio iddyn nhw, a'r hen gwch yn mynd drwy'r dŵr fel pysgodyn.

Enillwyd y ras o gryn bellter, ac ar ôl dod i'r lan bu holi mawr o ble daeth o ac a oedd yn bosib prynu un 'run fath ag o. Cysylltais â'r dyn y prynais o ganddo a ches ambell i rif ffôn lle credai fod 'na fwy ohonyn nhw ar gael, ac ymholais.

Ces hanes dau yn Aberystwyth, dau yn Llangwm, Sir Benfro un yn Gwbert ac un yn Aberteifi a phrynais nhw i gyd, eu nôl a'u gwerthu i'r hogia.

A'r hyn fydden ni'n ei wneud ar Suliau wedyn, pan fyddai'n chwythu o'r gogledd, oedd rhwyfo ym Mae Aberdaron, a phan fyddai'r gwynt o'r de mynd i ochr ogleddol y Penrhyn, a byddai pump neu chwech o gychod yn rasio. Un tro a'r gwynt yn y de, aed â'r cychod i Borth Sgaden ger Tudweiliog, a'r syniad oedd rasio oddi yno i Borth Colmon, tua dwy filltir o bellter.

Newydd brynu un o'r cychod roeddwn i, a heb ddod â fo adref i'w archwilio eto, ac aed ag o'n syth i Borth Sgaden i'r dŵr a gosod pawb i mewn ynddo. Er mwyn cael cyn lleied â phosib o bwysau ynddyn nhw câi plant eu dewis i lywio fel arfer, ac felly y bu y tro hwn. Gan mai wynebu am y tu ôl i'r cwch y bydd y rhwyfwyr wrth eu gwaith, does dim posib gweld beth sydd o'u blaenau. Doeddwn i ddim yn gweld yr un o'r cychod eraill y tu ôl i ni, a theimlai'r cwch yn farwaidd a swrth ac roedden ni'n ymladd i'w gael i fynd yn iawn trwy'r dŵr. Pan drois i edrych, gwelais fod ei du blaen yn ddyfnach nag arfer yn y dŵr. Roedd o'n gollwng ac roedd 'na alwyni lawer o ddŵr ar ei waelod. Doedd y llywiwr ifanc ddim wedi sylweddoli. Roedden ni erbyn hyn tua hanner ffordd i Borth Colmon, felly doedd dim diben troi yn ôl. Rhoed un o'r criw i sbydu'r dŵr tra bod y gweddill ohonon ni'n tynnu, yn llythrennol, am ein bywydau am derfyn y ras, a'r lan. Dôi'r dŵr i mewn yn gynt nag y medrai'r sbydwr ei waredu ond cyrhaeddwyd y lan a'r cwch erbyn hynny'n chwarter llawn o ddŵr. Buom yn ffodus iawn. Aed ag o adref a'i drwsio. Bydden ni'n rasio o draeth Porthor o gwmpas Maen Mellt, y graig sydd tu allan i'r traeth, ac sydd ymhellach o'r lan nag y mae'n ymddangos. Ym Mae Aberdaron byddai'r ras un ai o gwmpas Ynysoedd Gwylanod, o'r traeth o gwmpas Carreg Wislan sydd ger Porth Cadlan, neu o gwmpas y cwrs o fwiau a ddefnyddia'r hwylwyr. Collwyd diddordeb yn y rhwyfo ymhen ychydig flynyddoedd ond mae'r cychod yn yr ardal o hyd, ac efallai yr ail gyfyd y diddordeb unwaith eto yn y dyfodol.

Buasai Vaughan wedi mwynhau'r rhwyfo. Roedd yn greadur cystadleuol iawn, yn hwyliwr, chwaraewr rygbi, rhedwr traws gwlad, dyn bach o gorffolaeth ond mawr ei ysbryd. Bu farw o gancr yn 2002 yn 63 oed. Gadawodd Menna a thri mab, Arwel, Osian a Dylan, ac mae'r cwmni adeiladu sy'n cario ei enw yn dal i fasnachu.

19

Cael Fy Nhwyllo

GAN NAD OEDD 'na gyfleusterau molchi na thoiled yn y cwt y galwai Gwylwyr y Glannau'n gartref ger y tai cyngor, penderfynwyd, oherwydd gofynion iechyd a diogelwch, chwilio am ganolfan newydd. Bu edrych ar wahanol adeiladau, capeli a chytiau a wnâi i'w haddasu, a llecynnau o dir adeiladu yn yr ardal. Ond y cynnig gorau a gafwyd oedd rhentu llawr gwaelod adeilad y clwb hwylio, ac ar brydiau cael defnyddio'r llawr uchaf hefyd. Mae'r trefniant wedi bod yn fanteisiol i'r ddau sefydliad, ac yn parhau i fod felly.

Safai'r hen gwt cyfarpar ar bwll chwarel oedd wedi'i lenwi, o eiddo Stad Nanhoron. Yn wir roedd un mur wedi dechrau suddo yn y nawdegau a bu'n rhaid tyllu o dan y sylfaen nes cael caledwch craig a rhoi concrit i'w atgyfnerthu. Neville Rhwngddwyborth a minnau a wnaeth y gwaith, ac ar ôl turio o dan y sylfaen, cawsom yno wahanol drugareddau: beics, gwelyau, berfâu, darnau o haearn ac ati. Roedd y pwll wedi cael ei ddefnyddio fel tomen byd. Tynnwyd y ddaear fesul medr, hynny yw tynnu medr, gadael medr o ddaear a thyllu medr arall, llenwi'r mannau a dynnwyd â choncrit ac wedi i hwnnw galedu, tynnu'r ddaear rhwng y ddau arall a choncritio hwnnw.

Wedi i'r Gwylwyr fudo holais asiant tir y stad ynglŷn â beth oedd dyfodol yr hen gwt. Trafododd o â'r perchennog a ches wybod mai am ei werthu hefo'r ychydig dir o'i gwmpas roedd am ei wneud. Deng mil ar hugain oedd y pris a phenderfynwyd ei brynu.

165

Roedd Cai a Llŷr bellach yn gweithio ar y môr, ac Owain erbyn hyn yn dilyn yr un cwrs yn Fleetwood. Roedd Cai a Llŷr yn ail swyddogion ar longau, ac yn chwilio am safle i adeiladu tai. Ar ddarn o dir gyferbyn ag Ysgol Crud y Werin roedd llygad Llŷr a bu'n ddigon ffodus i fedru ei brynu, felly Cai brynodd Cwt Chwarel.

Cysylltais bibell carthffosiaeth i'r lle, i'w wneud yn weddol gyfanheddol, a symudodd yno i fyw wrth geisio cael hawl cynllunio i'w chwalu ac i adeiladu tŷ newydd. Dywedwyd wrthyf droeon gan swyddogion Cyngor Gwynedd na chaem ganiatâd cynllunio yno byth bythoedd, ond gyda dygnwch a dyfalbarhad daeth y cwch hwnnw i'r lan hefyd. Ac erbyn heddiw mae yna annedd newydd hardd ganddo fo a Sioned, ei gariad, lle bu hen gwt hyll.

Roedd Llŷr wedi adeiladu ei dŷ o ac Awen ryw flwyddyn neu ddwy ynghynt. Eric Hughes Tŷ Capel a minnau a adeiladodd hwnnw dros gyfnod o amser. Braf iawn yw gweld yr hogia a'u partneriaid mewn tai diddos yn eu bro eu hunain, a gobeithio y gall y pedwar arall wneud yr un modd.

Yn nhŷ Cai roeddwn i, pan oedd o'n gwt, pan aeth y *pager*. Bib... bib... bib... bib... bib... bib... bib. Neidiais i'r fan ac am y clwb hwylio. Pan gyrhaeddais ffoniais i Gaergybi a'r neges oedd fod Huw, swyddog â gofal dros y gwylwyr yn Abersoch, Huw Tan y Fynwent, ar goll. Un o Lanaelhaearn oedd Huw yn byw yn Llanengan ers blynyddoedd. Anfonwyd ni i Nant Gwrtheyrn i chwilio hefo timau Abersoch a Phorthdinllaen. Dim ond hyd at Roshirwaun y cyrhaeddwyd pan ddaeth galwad ar y radio o Gaergybi yn dweud eu bod wedi dod o hyd iddo, ac i ni ddychwelyd i'r cwt. Ar ôl cyrraedd ffoniais Gaergybi a chael gwybod ganddyn nhw mai yn farw y cafwyd o, yn ei gerbyd, wedi cyflawni hunanladdiad. Gadawodd Susan, ei wraig ac un ferch, Heledd.

Roeddwn yn ei adnabod ers blynyddoedd, dyn ffraeth a gwybodus iawn. Bu yn yr awyrlu, Huw Top Secret fyddai rhai'n ei alw, ac wedyn bu'n gweithio i BT fel technegydd. Medrai droi ei law at unrhyw beth: plymio, gwaith trydan a thrwsio peiriannau trydanol. Gŵr gwerth ei adnabod.

Byddem ambell waith yn ymarfer ar y cyd â thîm Abersoch, ac un tro roedden ni ger Porth Ceiriad ar glogwyn yn hyfforddi. Pryd hynny roedd 'na ddwy Saesnes ganol oed yn eu tîm nhw. Un o'r rhain oedd yn traethu o flaen y gweddill ohonon ni, Gymry bach, diddeall. Roedd yn dangos sut i wneud hyn a'r llall a doedd gan y greadures ddim gobaith cyflawni'r hyn y soniai amdano gan ei bod ymhell dros ei phwysau a bod angen dwy ben glin newydd arni. Prin y medrai symud heb sôn am achub neb. Yno roedd yn mynd trwy ei phethau ac yn ein rhoi ar ben ffordd, pan glywais lais y tu ôl i mi. Huw oedd yno wedi cael llond bol ar y ddynes, a'r hyn ddywedodd o oedd, 'O dos adra i wau, y gont!'

Y swyddog sydd un gris yn uwch na Huw a minnau yw'r swyddog rhanbarth. Allan Burrows o ochrau Lerpwl oedd y swyddog hwnnw ar y pryd, a doedd o ddim ar y llyfrau o gwbl gan Huw, na gan lawer o neb arall chwaith. O'r Alban y daeth i'r parthau hyn – cael ei hel oddi yno, yn ôl y sôn, am ei fod yn wyllt am gau gorsafoedd. Erbyn iddo ddod yma doedd o ddim wedi dysgu ei wers gan iddo geisio gwneud yr un fath yn yr ardal hon hefyd. Ond fel yn achos ein cefndryd Celtaidd, goroeswyd yma hefyd, a dangos mai trech gwlad nag arglwydd, yn enwedig arglwydd o Sais hunanbwysig fel hwn. Diflannodd fel barrug dan ormes haul y bore. Y weithred olaf yn ei ymadawiad oedd parti ffarwelio iddo.

Canodd y ffôn acw ryw noson
'Huw? Huw sy 'ma.'
'Huw, Huw sy'n fa'ma 'fyd,' atebais.

'Huw.'

'Ia, Huw.'

'Ma Allan Burrows yn ymddeol.'

'Yndi, Huw?'

'Yndi, Huw, ac mi ydan ni am ga'l parti iddo fo. Ti am ddŵad Huw?'

'Dwn i'm, Huw. Chdi sy'n trefnu?'

'Ia, Huw. Wythnos i nos Sadwrn mae o.'

'Oes 'na lawer yn mynd Huw?'

'Nag oes, Huw, ddim llawer iawn. Yng nghiosg Llangian mae o,' a rhoddodd y ffôn i lawr.

Bûm mewn llawer cyfarfod dibwys hefo Huw a mwynheais ei afiaith a'i gwmni. Yn ôl graddfa timau'r gwylwyr ar Lŷn, yn ei ôl o, Porthdinllaen oedd y Republican Guard, Abersoch oedd yn y canol ac Aberdaron ar y gwaelod. "Sgyno chi ddim merchaid yn y tîm a sbia golwg sy arno chi. Chi ydy'r Taliban.'

A phan ofynnwyd i mi roi teyrnged iddo yn ei angladd, fel hyn y gorffennais y cywydd a ysgrifennais er cof amdano:

A gwell yw i mi bellach
Dalu bil dros deulu bach,
Talu â rheg o Degfan,
Talu bil y Taliban,
O'et yn chwa, mor dda i't ddod
Heibio ac i'n dy nabod.

Coffadwriaeth dda amdano, a chwithdod a hiraeth sydd ar ei ôl.

Roeddwn wedi ffeirio cwch ddwywaith hyd yn hyn yn y mileniwm newydd. Wedi prynu un pymtheg troedfedd gan gwmni Dickies ym Mangor, gwerthais hwnnw i John fy mrawd a phrynais Task Force Dory wedi i'w berchennog, Sion Bodlondeb, brawd Vaughan, farw.

Daeth yn amser newid hwn eto. Roedd ambell bysgotwr yn y fro wedi prynu catamaran. Roedd 'na fwy o le i weithio arnyn nhw, ac roedden nhw'n sadach ac yn rhatach i'w rhedeg gan mai ychydig iawn ohonyn nhw sydd yn y dŵr. Gwelais un ar werth ar wefan findafishingboat. Yn yr Wyddgrug roedd yr Eisteddfod y flwyddyn honno, a manteisiais ar fod dipyn yn nes nag arfer i fynd i'w weld, i Hull. Aeth y *sat nav* â fi i'r dafarn lle roedd y gwerthwr yn byw. Roedden nhw newydd ddioddef llifogydd drwg yn y dref ac roedd 'na ôl dŵr a llaid yn yr adeilad.

Cyflwynais fy hun a ches gyfarwyddyd i ddilyn y dyn i iard ger afon Humber, gan mai yno y cedwid y cwch. *Sukat* oedd yr enw oedd arno, catamaran o wneuthuriad Cheetah, 6.2 medr o hyd a'i liw'n felyn llachar. O beth a welwn ohono roedd mewn cyflwr da.

Trafodwyd pris a chytuno, ac es yn ôl i'r Steddfod.

Ei gael oddi yno oedd y broblem nesaf. Trefnais hefo Dylan Evans o Fynytho, sydd ar lonydd Prydain yn ei lori yn ddyddiol, i fynd i'w nôl pan fyddai yn y mogra hynny. Es â siec iddo, a'i gadael rhyngddo fo a'r perchennog ynglŷn â phryd roedd am ei nôl. Y peth nesaf a glywais oedd galwad gan Dylan yn dweud ei fod ar ei ffordd i Lŷn.

Mae gan Dafydd Morfa Mawr fferm o'r enw Tir Topyn, yn wir Dafydd Tir Topyn oedd o cyn i Karen dosturio wrtho, ei briodi a rhoi cartref iddo yn y Morfa. Roeddwn am gael dadlwytho'r cwch a'i adael yno nes y cawn drelar i'w roi oddi tano. Ac felly y bu. Cyrhaeddodd y lori Tir Topyn a dadlwythodd Guto, mab Dafydd a Karen o hefo *telehandler*, a'i gael ar dir cadarn. Diolchwyd i Dylan ac aeth yn ôl i grwydro'r wlad, fo a'i gi bach.

Es ati i archwilio'r cwch a'r peiriant codi cewyll ac ati oedd arno. Canfûm nad oedd y peiriant codi cewyll yno i gyd, a ffoniais Dylan i ofyn a oedd o yno pan lwythwyd y cwch. Na, doedd o ddim yno ac roedd wedi cael trafferth cael y cwch o gwbl gan na wnâi perchennog yr iard gychod adael i neb ei symud os na thelid yr hyn oedd yn ddyledus iddo am ei le. Bu raid i'r gwerthwr fynd i chwilio am arian iddo gan na dderbyniai siec ganddo.

Ffoniais y gwerthwr i'w holi am y codwr ond ches i ddim synnwyr o gwbl ganddo. Ffoniais wedyn lawer gwaith ond ches i ddim siarad â fo wedyn. Dywedwyd wrthyf ei fod wedi mynd dramor, a blinais ar ffonio, derbyn fy mod wedi cael fy nhwyllo a dyna fo. Gwerthais y peiriant a oedd yn ei yrru a rhois ddau beiriant newydd arno, cael Geraint Cae Garw i wneud trelar, cael peiriant codi cewyll, ac roeddwn yn barod am y dŵr.

Doedd gen i fawr o feddwl o'r enw *Sukat*, felly newidiais o, er bod 'na hen goel mai anlwcus ydy newid enw cwch. Fedrwn i ddim meddwl am enw gwell i'w roi arno na *Meg*.

Roedd Mam wedi marw y mis Medi cynt ar ôl dioddef ers blynyddoedd o'r aflwydd Alzheimer. Yn ysbyty Bryn Beryl y bu hi farw. Cafodd angladd breifat yn yr amlosgfa ym Mangor, a chwalwyd ei llwch ger tro Safn Pant ar Fynydd Mawr, yr un fan ag y chwalwyd llwch fy nhad. Dynes weithgar, garedig hwyliog oedd hi a diwylliant ac addysg yn agos iawn at ei chalon. Roedd yn hoff iawn o ysgrifennu penillion ac emynau i blant. Nid oedd wedi cael mynd i ysgol uwchradd erioed, a phe buasai wedi bod, pwy a ŵyr beth fuasai wedi'i wneud? Ffieiddiai ataf am beidio â manteisio ar yr addysg a'r cyfle a ges i. Os oes gen i unrhyw dalent at ysgrifennu barddoniaeth, yn sicr ganddi hi y ces i o, a diolchaf iddi am hynny. Pan amlygodd yr Alzheimer ei hun arni y cwbl fyddai ar ei meddwl oedd sychu dillad. Dyma delyneg fer iddi:

Glaw
Tydi'n sychu dim,
hen dywydd ffadin,
niwl y môr
yn llanw'r gorllewin.

Mae hi'n pigo eto
dim ond pryfocio,
methu gollwng iddi
a methu a pheidio.

Pryd gwnaiff hi sychu
i roi'r dillad allan,
mae hi'n tampio eto
(dim ond rhyw sgrempan).

Mewn dillad sychion
heb na llaid na llanast,
mae 'na fôr o law
y tu mewn i'w ffenast.

Roedd Mam gen Nain cyn iddi briodi Taid. Aeth i weini i Benborth, Bodferin a mynd â Mam hefo hi, ac yno cyfarfu â'i darpar ŵr. Byddai cwpl o Aberystwyth yn treulio gwyliau yn yr ardal ac roedden nhw eisiau i Nain werthu Mam iddyn nhw pan oedd hi'n hogan bach. Pwy a ŵyr beth fuasai ei hanes pe bai hynny wedi digwydd, yn sicr fuaswn i ddim yma yn ysgrifennu hwn rŵan. Ond er caledi ei bywyd, ei chadw a wnaeth Nain, ac mae'r gweddill fel y dywedir yn hanes.

Roeddwn wedi ysgrifennu ambell i gân hefo Alaw Tecwyn ac roedd hi bellach ar ei ffordd i goleg cerdd ym Manceinion. Cafodd englyn i'w hwyluso ar ei thaith:

O dir y daw alawon – alaw Llŷn,
   Alaw llawn diferion
   Hallt y lli, a hi fydd hon
   Yn canu ym Manceinion.

Gwnaethom ein dau ambell i gân i hwn a'r llall, ar gyfer priodasau ac yn y blaen, a phenderfynwyd mynd i'r Waunfawr eto a gwneud cryno ddisg fer, tair cân, a'u gwerthu o law i law. Gwerthwyd tua phedwar can copi ac rydan ni ein dau'n falch iawn ohoni. *Alaw* ydy enw'r CD. Ymhen ychydig wedyn ysgrifennais eiriau ar ôl clywed rhaglen radio ar RTE am roi, neu yn hytrach am beidio â rhoi organau i barhau bywyd i eraill ar ôl marwolaeth rhywun. 'Bywyd yn Rhodd' oedd enw'r gân a chanwyd hi gan Alaw ac Osian Meilir, y canwr o Fôn. Wedyn aethon ni ati i ysgrifennu ar gyfer CD gyflawn, ac roedd Alaw wedi recordio amryw ohonyn nhw pan werthwyd tŷ Bob Galvin, a oedd wedi bod ar werth ers tro. Symudodd i fyw i Bortiwgal a chaewyd y stiwdio fechan. Mae esgyrn y CD gan Alaw o hyd ac ni fyddai llawer o waith cyn llwyddo i'w chwblhau, pe dôi'r awydd a'r amser ryw dro.

Yn yr Eisteddfod Genedlaethol yng Nglyn Ebwy bûm yn ddigon ffodus i ennill ar y delyneg, ar fy nghynnig cyntaf yn y gystadleuaeth. 'Machlud' oedd y testun, a meddyliais am hen ddyn ffwndrus a arferai hwylio cychod a rasio, ond sydd bellach mewn cartref ac yn dychmygu ei fod ar y cwch:

Machlud

Mae'n gafael yn y llyw o'r gadair lonydd
Yn stwyo ac yn werio hyd y bae,
A simio'r gwynt, tynhau y rhaff a'i llacio,
Tra'n codi marciau oddi ar sgubor, corn a chae.

Mae'n tynnu pig ei gap i lawr o flaen y ffendar,
A hefo'i lawes yn sychu'r sug o'i geg,
Yn brathu'r cetyn nes ei fod yn clecian
Gan wyro i osgoi y bŵm a phoeri rheg.

Mae'n gweld yr adwy lle mae'r ras yn darfod,
Yn newid tac a chydio'r tiler â'i law dde,
Yr hwyliau allan o flaen y gwynt a'r glec yn aros,
A'r trobwll yn diflannu yn ei gwpan de.

Rhoddodd Alaw gerddoriaeth i'r penillion hyn hefyd ac ychwanegais innau gytgan ac mae'n ei chanu i gyfeiliant telyn. Bydd rhai'n gofyn ai'r gerddoriaeth ynteu'r geiriau a ddaeth gyntaf. Heb os nac oni bai yn fy hanes i y geiriau a ddaw gyntaf bob tro, gan nad oes gen i'r syniad lleiaf am gerddoriaeth. Mae'r merched wedi gorfod rhoi eu halawon i'r geiriau am na fedra i roi geiriau i alawon. Ond mae i'w weld yn llwyddo, ac efallai mai dweud mwy am eu dawn gerddorol nhw nag am fy nawn i a wna hynny.

Gorffennodd Owain y cwrs morwrol yn Fleetwood a'r swydd gyntaf a gafodd oedd ar dynfad rhwng Doc Penfro ac Aberdaugleddau yn tynnu tanceri enfawr a ddôi â nwy yno o'r dwyrain canol. Bu yno am tua dau neu dri mis cyn cael swydd well hefo cwmni Gulf Offshore allan o Aberdeen a Peterhead. Mynd yn ôl ac ymlaen at lwyfannau olew a nwy a'u gwasanaethu roedden nhw. Roedd Llŷr yn gwneud yr un math o waith hefo cwmni o Norwy, a Cai bellach ar longau i'r Iwerddon, hefo cwmni Stena Line o Fleetwood.

Mae Owain yn hoff iawn o rygbi ac roedd yn cynllunio ers blynyddoedd mynd i Seland Newydd pan oedd Cwpan Rygbi'r Byd yno yn 2011. Roedd o ac Ifan Post, Rhoshirwaun wedi talu am eu tocynnau, wedi llogi lle ar awyrennau a phob dim arall oedd yn gysylltiedig â'r daith, ac roedd 'na hen edrych ymlaen. Er mwyn iddo gael mynd roedd wedi rhoi'r gorau i'w swydd. Ddechrau Medi 2011 roedden nhw'n hedfan a daeth adref o'r môr ddechrau Awst. Hen gar ei daid oedd ganddo i grwydro o le i le. Roedden nhw wedi ffeirio gan fod Taid eisiau car newydd, ac roedd un Owain yn weddol newydd, ac Owain eisiau arian i fynd i ben draw'r byd.

Yn ein gwelyau roedd Elen a minnau un nos Sul yr Awst hwnnw, pan ganodd y ffôn ac aeth Elen i'w ateb. Eleri fy nith oedd yno yn dweud ei bod wedi clywed bod Owain wedi cael damwain car. Ceisiwyd cysylltu ag o, ond heb unrhyw lwyddiant. Doedd dim ateb.

Y bore hwnnw roedd o wedi mynd i Asda, Pwllheli i lenwi bagiau i bobl er mwyn codi arian at y Clwb Rygbi, a doedden ni ddim wedi'i weld ar ôl hynny. Roedd o ac Ifan wedi galw yn Abersoch ar y ffordd adref o Bwllheli, ac un diod wedi mynd yn ddau, ac yn y blaen. Ei gamgymeriad mawr oedd mynd tu ôl i lyw'r car pan ddaeth yn amser mynd adref, ond dyna wnaeth a chychwyn i fyny'r lôn am Sarn Bach. Ceisiodd oddiweddyd cerbyd, bachu mur y bont a dod yn ôl i'r lôn a tharo car oedd yn dod i'w gyfarfod, gan anafu'r ddynes oedd yn gyrru. Aed â'r ddynes i'r ysbyty, Owain i Ddolgellau a'r ddau gerbyd i Bwllheli. I dorri stori hir, ddiflas yn fyr, roedd i ymddangos o flaen Llys Ynadon yng Nghaernarfon tua wythnos cyn roedd i fod i hedfan i Seland Newydd. Ysgrifennodd lythyr at yrrwr y car arall yn ymddiheuro'n fawr am ei ffwlbri a'i ymddygiad a rhoed hwnnw iddi drwy law'r cyfreithwyr.

Teimlai'r ynadon nad oedd ganddyn nhw ddigon o rym i'w ddedfrydu a thraddodwyd o i sefyll ei brawf o flaen Llys y Goron, Caernarfon ym mis Hydref. Felly doedd 'na ddim Cwpan y Byd i fod, ond dyna oedd y lleiaf o'i bryderon.

Yn ôl ei gyfreithiwr roedd bron yn anochel y câi ei garcharu, a bu llawer i noson ddi-gwsg acw wrth i'r dyddiad tyngedfennol nesáu. Roedd yn ceisio paratoi ei hun yn feddyliol am garchar, a ninnau'n gwneud yr un modd, yn ein ffyrdd bach ein hunain. Es i Bwllheli hefo fo y diwrnod cyn yr achos i brynu ei anghenion i fynd hefo fo. Prynais radio iddo – efallai y byddai'n gysur. Fedrwn i feddwl am ddim arall i'w roi.

Daeth y dydd pan aeth o flaen ei well. Aeth y swyddogion diogelwch drwy ei fag a thynnu *aerosol* ohono; fe'i câi yn ôl pan fyddai'n ymadael â'r adeilad. Cawsom gyfarwyddyd gan y bargyfreithiwr a sgwrs ddagreuol hefo fo, ac roedd yntau hefyd o'r un farn â'r cyfreithiwr, mai carchar a gâi fwy na thebyg. Darllenwyd amryw o lythyrau yn eirda iddo, ac rwy'n cofio meddwl y gallai'r rhain leihau ei gosb, yn enwedig un gan Esyllt Maelor, ei gyn-athrawes Gymraeg yn Ysgol Botwnnog.

Un o'r golygfeydd tristaf a gofiaf oedd ei weld yn y doc yn dal ei fag dillad o'i flaen, yn barod am y ddedfryd, ac am garchar. Roedd wedi dweud wrtha i y diwrnod cynt ei fod wedi ymresymu yn ei feddwl, a'i fod yn barod am y gwaethaf.

Efallai ei fod o'n meddwl hynny ond mae'n gwestiwn gen i a oedd o mewn gwirionedd. Gofynnodd y bargyfreithiwr i mi a fuaswn yn hoffi iddo ddweud unrhyw beth ar fy rhan. Y cwbl wnes i oedd gofyn iddo fo ddweud fy mod i ac Elen (doedd hi ddim yn bresennol gan na fedrai feddwl am ei weld yn y ffasiwn le) yn cefnogi Owain, heb fod wrth gwrs yn gefnogol i'r hyn a wnaeth.

Daeth y ddrama i ben a rhoddodd y barnwr ei ddedfryd, blwyddyn o garchar, ond wedi'i ohirio am ddeunaw mis, colli ei drwydded am flwyddyn, gorfod ail sefyll ei brawf gyrru, prawf estynedig a dau gan awr o waith cymdeithasol, ond chlywais i mo'r gweddill ar ôl y gair gohirio. Roedd hefyd yn gorfod cael tag am ei goes am dri mis ac ni châi fynd o'r tŷ rhwng saith o'r gloch y nos a saith y bore. Ond roedd o'n cael dod adref. Gadawsom yr *aerosol* yno, ces y radio yn ôl ac aethon ni i gar Cian ac am adref.

Bu'r misoedd nesaf yn rhai digon tywyll ac anodd, ond derbyniodd ei gosb a derbyn ei fod yn ei haeddu. Erbyn dechrau'r flwyddyn gwelai olau ar y gorwel, a thynnwyd y tag ym mis Ionawr. Gwnaeth gais am waith hefo Gulf Offshore a chafodd ei hen swydd yn ôl, a daeth terfyn ar y cyfnod diflas a thywyll hwn yn ei hanes. Rydan ni i gyd yn gwneud pethau gwirion, ond roedd o yn wir edifar, ac un peth a ddywedaf o'i blaid, hawliodd o ddim yr un ddimai o arian o goffrau'r wlad am y chwe mis y bu'n ddi-waith, ond yn hytrach bu'n byw ar ei gynilion.

Erbyn hyn mae'n dal i weithio i'r un cwmni fel ail swyddog ac yn disgwyl mynd i'r coleg yn y misoedd nesaf i wneud ei arholiadau Chief Mate. Mae Llŷr a Cai wedi pasio yn Chief Mate ac yn gweithio i gwmni codi melinau gwynt yn y môr o gwmpas Ewrop.

Mae Cian a'i gariad Mared yn byw ym Mryn Sander, ac mae o'n gweithio i gwmni ei gefnder a'i gyfnither, Tomos a Carys. Mae Gwern ar ei flwyddyn gyntaf o brentisiaeth hefo'r un cwmni. Ac mae Gwion newydd raddio mewn Astudiaethau Busnes o Brifysgol Morgannwg yn Nhrefforest, a'i gariad Sian yn astudio celf mewn coleg yn Llundain.

Tra oedden ni yn nyfnder helyntion Owain fe ddaeth yma un fflach lachar o'r düwch. Ganwyd Begw Llŷr, merch i Llŷr ac Awen, a'n hwyres gyntaf. Fe'i ganwyd ym mis Hydref, wythnosau cyn ei hamser, a bu mewn uned gofal dwys. Doedd hi ddim ond yn pwyso pedwar pwys, ond diolch byth fe gryfhaodd a chael dod adref i aelwyd Llewyrch Enlli. Ond yn y dyddiau du a gwyn hynny, daeth y cwpled hwn o rywle i mi a rhoddais o ar gerdyn i'r rhieni newydd:

Boed eli i bob dolur
A llaw yn llaw Begw Llŷr.

Diolch byth roedd 'na eli, a llaw yn ei llaw ma'n rhaid. Erbyn hyn mae hi'n llond ei chroen ac yn siarad fel injan bupur, beth bynnag ydy hwnnw neu honno.

Pan oedd tua chwech wythnos oed roedd, fel mae babanod, yn cysgu bob tro y gwelwn hi, ac felly doeddwn i ddim yn cael ei sylw. Ac felly roedd hi, ar lin Owain pan ddaeth y llinell 'Efo'i hyncyl yn fancw', a rhaid oedd ceisio ei gorffen yn englyn:

Begw Llŷr

Hefo'i hyncyl yn fancw – yn huno
   Yng nghanol bob twrw,
  Babi bach, BW, BW, BW
  Agor dy lygaid Begw.

Mae Begw'n enw go hawdd ei gynganeddu, ac felly caiff ei chrybwyll mewn ambell i gerdd neu englyn yn aml. Cafodd gân hefyd a bu Alaw'n ddigon caredig i'w rhoi ar gryno ddisg i'r teulu.

Begw Llŷr

Yr wyneb cyfarwydd,
Ei gwg yna'i gwên
Yn pontio'r blynyddoedd
Mor newydd, mor hen.

Yr wyneb cyfarwydd,
Mor ddiarth, mor ddoeth
Y corff bregus bywiog
Yn wlyb ac yn noeth.

Cytgan
Er nad 'ym yn dy 'nabod
Ti yw'n cariad ni'n dau
Ti yw'r gwaed a'r gorfoledd,
Ynot ti mae'n parhau
Er na wyddom dy lwybrau
Ti yw'r wyrth gawsom ni
Er na wyddom be' fyddi
Gwyddom pwy, pwy wyt ti.

Yr wyneb cyfarwydd
Sy'n cario ein hach
I dir y dyfodol
Mewn bwndel mor fach.

Cytgan

20

Y Clo

A DYMA NI, am wn i mai dyma lle rydw i rŵan. Mae Begw'n
newid bob tro y gwelaf hi, mae'n cael ei gwarchod acw bob
dydd Mercher a dydd Gwener, a rywsut rwy'n cael esgus i
ddod adre'n weddol aml yn ystod y dyddiau hynny. Yn wir
mae ysgrifennu'r llyfr yma wedi bod yn gyfle i'w gweld yn
amlach gan fy mod adref pan fydd hi acw.

Mae'r hogia i gyd yn iach ac wedi gwirioni hefo hi.
Bydda i'n gweld fy rhinweddau, fy nghryfderau a hefyd fy
ngwendidau ynddyn nhw, a rhaid dweud bod y gwendidau'n
llawer mwy lluosog ac amlycach na'r ddwy nodwedd arall.
Ond dyna fo roedd mwy ohonyn nhw ar gael mae'n debyg.

Yr hen gwch melyn, *Meg* sy'n fy nghynnal ar y dŵr ac Elen
yn fy nghynnal ar y lan. Erbyn hyn dwi'n c'willa mwy nag a
wnes erioed ac mae'r crancod yn enwedig yn gwerthu'n dda
iawn yng ngwesty Tŷ Newydd. Yn wir fedra i ddim dal digon
i'w cyflenwi nhw.

Yn 2010 cafodd y cwch fod yn dipyn o seren ar y sgrin
fach. Bu cwmni Rondo'n ffilmio drama gyfres o'r enw
Porthpenwaig yn yr ardal. Hanes pysgotwr o'r enw Largo
a'i fab Cian (canu cloch 'ta be?). Treuliais oriau lawer ar y
môr hefo John Ogwen, oedd yn portreadu Largo, gan mai
fy nghwch i oedd ei gwch o yn y ffilm. Byddwn yn gorfod
mynd o'r golwg i'r cwpwrdd yn y tu blaen pan fyddai'r
camerâu'n troi. Ond fe dreulion ni amseroedd difyr pan nad
oedd yna ffilmio, a ches lu o hanesion ganddo, na feiddiwn
eu hailadrodd yn y fan yma.

Roedd y golygfeydd yn y ddrama'n wych, yr hen le ar ei orau a denwyd llu o ymwelwyr i'r fro oherwydd iddyn nhw weld yr ardal ar y teledu. Bu sôn am gyfres arall ond ddaeth 'na'r un.

Mae Elen yn gweithio yn yr ysgol feithrin leol ddau fore'r wythnos, ac fel y dywedais, yn gwarchod Begw am ddau ddiwrnod arall ac rydan ni'n dau'n edrych ymlaen at gael cwmni mwy o wyrion ac wyresau cyn i ni fynd yn rhy hen neu adael y fuchedd hon, a chawson newyddion fod Awen yn feichiog eto, a bellach daeth Erwan Huw a Math Dafydd i aelwyd Llewyrch Enlli.

O ran gwaith dwi'n dal i bydru ymlaen hefo'r amryfal fanion. Mae gan Cian fwy o ddiddordeb yn y 'sgota nag sydd gan y lleill, a daw ar y môr hefo mi pan fydd amser yn caniatáu iddo wneud hynny. Mae'r tri sydd ar y môr yn cael digon o fod arno yn rhinwedd eu swyddi. Gobeithio y datblyga diddordeb Cian i'r perwyl yma oherwydd buasai'n chwith meddwl am yr hen gwch a'r cewyll yn segur wedi iddi ddod yn amser i mi neidio ohono i'r tonnau'n torri, tynnu'r wedars a'u hongian a llyfu'r heli oddi ar fy ngwefus am y tro olaf. Ond gobeithio na ddigwydd hynny am amser maith eto.

Pan fydd y tywydd yn braf, y cranc a'r cimwch yn dal, arogl iach yr abwyd hallt yn llenwi'r ffroenau a'r awel fwyn yn prin gyffwrdd â'r ychydig wallt sydd ar ôl ar fy mhen, does 'na ddim gwaith tebyg yn y byd. A chan bwy mae'r fath ddarn o dir a môr i weithio arno â phen draw Llŷn?

Ydy, mae hi'n anodd weithiau codi rhwng pedwar a phump o'r gloch y bore o wely cynnes, ond erbyn tramwyo i lawr i'r Borth yn y llwyd olau, paratoi'r cwch at waith y dydd, ei roi yn y dŵr, a gweld tro uchaf pen yr haul yn dod i'r golwg dros dir y dwyrain, mae'n werth chweil. Neidio i'r cwch a chychwyn allan trwy'r gwyll.

Yn ddall rwy'n rhwyfo allan – daw yn llwyd
   Yn lli a dry'n arian,
   Golau a ddaw o Gilan
   A daw dydd fel doe o dân.

Flynyddoedd yn ôl, cyn yr oes ddigidol hon, bydden ni'n derbyn sianeli teledu'r Iwerddon yn Uwchmynydd. Dois adref o un o ddosbarthiadau Dic Goodman un noson, ac roedd Elen yn gwylio rhaglen am Ynysoedd y Blasket sydd ar arfordir gorllewinol y Weriniaeth. Rhaglen yn y Wyddeleg ac is-deitlau yn y Saesneg oedd hi ac mae pawb bellach wedi ymadael â'r ynysoedd wrth gwrs. Disgrifiodd un o gyn-drigolion y Blasket ei fywyd fel 'a day to day existence with no rewards'. Oedd, yn ddi-os roedd yn fywyd caled gan ei bod yn anodd 'sgota ac amaethu ar y creigiau didostur hyn ar gwr yr Iwerydd didrugaredd yn ystod hanner cyntaf yr ugeinfed ganrif. Tybiaf fod eu bywydau'n ddigon tebyg i fywyd ym mhen draw Llŷn ac Enlli. Ydy, mae bywyd yn medru bod yn fwrn, fel y dywed Tomas O'Crohan yn ei lyfr *The Islandman* ac fel y sonnir yn *Tomos o Enlli*, a phrin iawn oedd eu gwobrwyon. Gadael yr ynys oedd dymuniad ac uchelgais llawer ohonyn nhw, gan weld y môr yn garchar ac mae'n siŵr ei fod o. Ond waeth i ble y crwydra dyn, mae 'na ryw fath o garchar, on'd oes? Gadawaf yr athronyddu at ddiwrnod arall a dod yn ôl i'n hoes ni pan mae disgynyddion y bobl hyn yn ymfalchïo ac yn ymffrostio yn eu cysylltiadau â'r ynysoedd a'r ardaloedd hyn ac yn chwilio am y gadwyn a'u clyma yn eu daear.

Ydy, mae'r fro hon hefyd yn dlawd yn ariannol ac yn faterol i lawer o'r brodorion cynhenid, ond yn sicr nid yw heb ei chyfoeth a'i rhinweddau, dim ond i ni chwilio amdanyn nhw o dan ein traed. Mae'n ddiwylliannol, yn hanesyddol ac yn ieithyddol gyfoethog a diolchaf am gael y cyfle i fagu fy mhlant yma a'u gwreiddio'n ddwfn ym mhridd eu bro.

O ia, a chyn ffarwelio, yr enw 'ma sy gen i. Mi fydda i'n ffonio i rywle neu'n siarad â rhywun diarth ac yn aml byddan nhw'n gofyn pwy sydd 'na.

'Huw Erith.'

'Huw Eric?'

'Nage, Huw Erith… ERITH… E.R.I.TH.'

'Erith?'

'Ia.'

'O Erith. Chlyw'is i 'rioed mo hwnna o'r blaen, Erith, wel, wel.'

'Ia, Erith.'

'O enw Cymraeg da 'te.'

'Ia.'

Ond tydi o ddim, neu doedd o ddim yn enw Cymraeg yn ei darddiad, beth bynnag. Fel y dywedais, fe'm henwyd ar ôl fy ewythr, brawd hynaf fy nhad. Pan anwyd o yn nechrau'r ugeinfed ganrif roedd ei dad, fy nhaid, yn gweithio mewn lle o'r enw Erith ym mwrdeistref Bexley, de ddwyrain Llundain, ar afon Tafwys, i'r gogledd ddwyrain o Dartford, a dyna sut y cafodd y bychan ei enw canol anghyffredin. Ac felly ces innau'r enw sydd yn swnio mor Gymraeg.

Mae gen i gefnder o'r enw John Erith, ond dydw i ddim wedi cyfarfod na chlywed am neb arall sy'n cario'r enw, heblaw am Cai a Gwern, ac ynddyn nhw y bydd yn byw am un genhedlaeth arall o leiaf, i'w gwylltio, siŵr o fod wrth gywiro dieithriaid ar y ffôn.

Rwyf am orffen â chân a ysgrifennais ryw bymtheg mlynedd yn ôl, ac a ganwyd yn y sioe gyntaf a lwyfannwyd gan Gwmni Bro Enlli. Canwyd hi gan Alun Dwyros, ac mae'n dangos fy agwedd at fywyd yn gyffredinol ac yn enwedig fy mywyd i yma ym mhen eithaf Llŷn.

Ffrydiau Caswennan

Mae'n haf digon symol
A phris y cimwch yn wan,
Mae pla o wenoliaid
Ac iaith estron ym mhob man,
Mae'r biliau ar y dresel
Yn fwy nag sydd yn y banc
Rwy'n edrych i ddifancoll
Ac yn gweled fy nhranc.

Cytgan
Ond nid af fi o'r Penrhyn
Rwyf am swatio'n sownd yn ei gôl,
Mae llanw ffrydiau Caswennan
O hyd yn fy nhynnu yn ôl.

Rhaid dweud y gwelaf weithiau
Y cae tu arall i'r clawdd,
Mor ir yw ei laswellt
Ac mae bywyd yn hawdd,
Ond nid arian ydyw popeth
Ac er maint y pwys a'r straen,
Y dewis yn ddieithriad
Yw i rwyfo'n fy mlaen.

Cytgan

Mae'n wir fod yna gysur
I rai mewn eiddo a phres,
Ond gwell gen i yr eithin
A'i aur, hwnnw a ges.
Os mai amser ydyw golud
Mae fy nghyfri yn llawn
Fy nhlodi yn gyfoethog
Ac mae popeth yn iawn

Cytgan

Rwyf yn cael bywyd diddig
Ar y darn yma o Lŷn
Yn bod yr hyn a ydwyf
Ar fy sgotal i fy hun,
Mae popeth rwyf ei angen
I mi yn fa'ma mae'n blaen
A thynnu yn galetach wnaf
A rhwyfo ymlaen.

Cytgan

Hefyd o'r Lolfa:

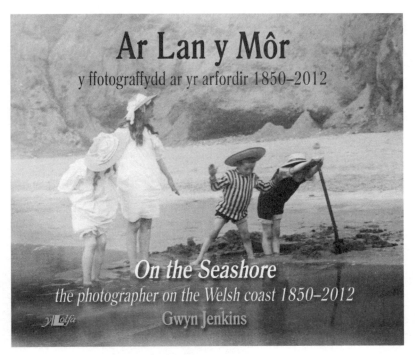

Ar Lan y Môr
y ffotograffydd ar yr arfordir 1850–2012

On the Seashore
the photographer on the Welsh coast 1850–2012
Gwyn Jenkins

£14.95

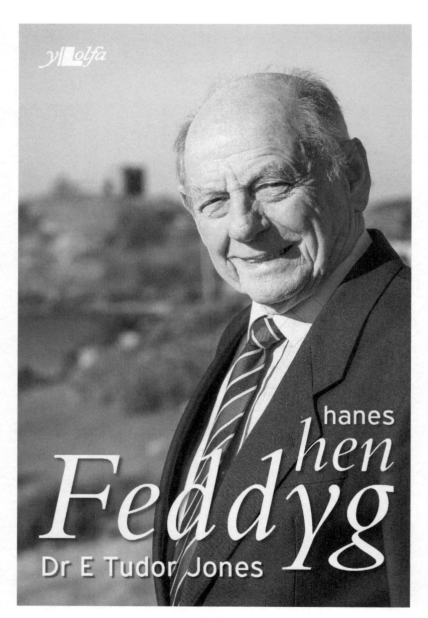

yLolfa

hanes
hen
Feddyg

Dr E Tudor Jones

£9.95

'Hanes Cymru drwy hanes un dyn. Un dyn arbennig iawn.'
Jon Gower

John Davies

HUNANGOFIANT

FY HANES I

y Lolfa

£9.95

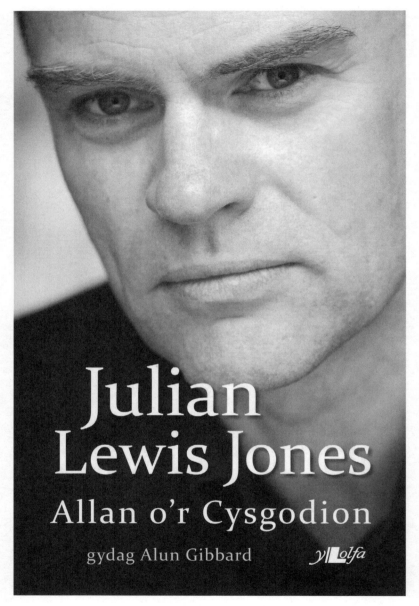

Julian
Lewis Jones
Allan o'r Cysgodion

gydag Alun Gibbard

yLolfa

£9.95

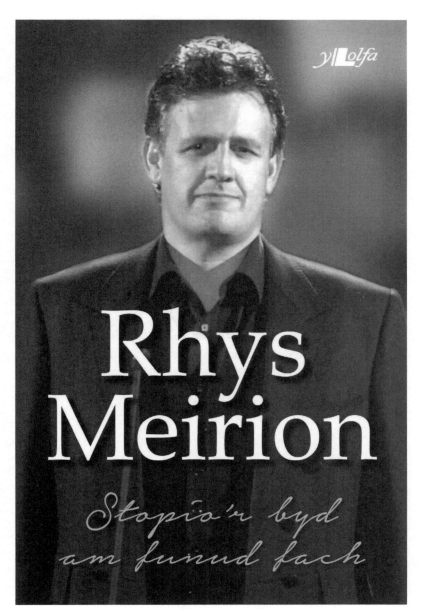

Rhys Meirion

Stopio'r byd
am funud fach

£9.95

Am restr gyflawn o lyfrau'r Lolfa, mynnwch
gopi am ddim o'n catalog
neu hwyliwch i mewn i'n gwefan
www.ylolfa.com
lle gallwch archebu llyfrau ar-lein.

TALYBONT CEREDIGION CYMRU SY24 5HE
ebost ylolfa@ylolfa.com
gwefan www.ylolfa.com
ffôn 01970 832 304
ffacs 832 782